그 많던 한양의 똥은
어디로 갔을까?

그 많던 한양의 똥은 어디로 갔을까?

초판 1쇄 펴낸 날 2024년 5월 30일

글 이광희 | 그림 순미
펴낸이 이영남 | **펴낸곳** 스마트주니어
등록번호 제2024-000042호
주소 경기도 고양시 일산서구 일산로 612, 603동 902호
전화 02-338-4935(편집), 070-4253-4935(영업) | **팩스** 02-3153-1300
메일 01msn@naver.com | **편집** 스마트주니어 편집부
ISBN 978-89-97943-88-3(43910)

※ 어린이 안전 특별법에 의한 제품 표시
제조자명: 스마트주니어 | 제조년월: 2024년 5월 | 제조국: 대한민국 | 사용연령: 7세 이상

박 도령의 조선 직업 체험기

그 많던 한양의 똥은 어디로 갔을까?

이광희 글 | 순미 그림

스마트주니어

21세기 친구들에게

애들아, 안녕! 만나서 반가워.

나는 인걸이라고 해, 박인걸. 나이는 열다섯이고, 사는 곳은 18세기 한양이야.

이렇게 편지를 쓴 이유는 너희들에게 이곳 사람들이 어떻게 살고 있는지 이야기해 주고 싶어서야. 뭐? 안 궁금하다고? 그래도 좀 들어 봐. 옛말에, 어른 말씀을 들으면 자다가도 떡이 생긴다고 하잖아. 내 비록 나이는 너희랑 비슷하지만 몇 세기를 앞선 선배잖니.

얼마 전 색다른 경험을 했어. 어느 날 아버지가 부르시더니 오늘부터 이런저런 체험을 해 보도록 하거라, 이러시는 거야. 까닭은 묻지 마라, 이러시면서. 나야 뭐 학당 빠지고 놀러 다니는 건가 보다 하고 넙죽 받았지. 그런데 웬걸.

체험이 장난이 아니었어. 우리 집안은 뿌리 깊은 양반 가문이야. 나도 당연히 양반댁 도련님이지. 그런 나에게 시키신 게 뭔지 아니? 상민이나 하는 장사, 뭐 그 정도는 괜찮아. 그다음은 장용영 군관 체험. 그것도 괜찮아. 임금님 시해 음모 사건 때 목숨을 잃을 뻔한 것 빼고는. 전기수가 되어 이야기 들려주다 몽둥이 세례 받은 거? 그 정도도 견딜 만했어. 그런데 천민 중의 천민인 백정 일이라든가, 뒷간 똥 푸는 일까지, 아유, 정말 임진왜란 때 난리는 난리도 아니었어.

난 정말 아버지가 미웠어. 내가 아무리 공부를 게을리하기로 서니 이토록 나에게 시련을 주실 건 뭔가. 혹시 나는 아버지의 친자식이 아닌가? 별의별 생각이 다 들더라. 그래서 아버지께 도대체 저한테 왜 이러시는 것이옵니까, 하고 여쭤 봤지. 그래도 여전히 묵묵부답.

1년 동안 일상 체험을 하며 나는 생각했어. 공부가 제일 쉬운 거구나, 공부를 열심히 하자. 그러다가 장돌뱅이가 되어 물건을 팔아 돈을 두 배로 벌고, 금광에서 금을 캐 우리 누이 금가락지도 만들어 주고, 또 조선 제일의 해금 연주가를 만나 음악단을 만들어 합주를 하게 되면서 과거에 급제하여 입신양명하는 길만이 꼭 나의 길인가? 이런 생각이 들더라.

내가 상민의 일상 체험을 하는 동안 어려움도 많았고 위험한 순간도 많았는데 그때마다 우리 집 하인 돌쇠 형이 흑기사가 되어 나를 구해 주었어. 그 형 아니었으면 지금 너희들에게 편지를 쓰지 못했을지도 몰라.

너희들이 살고 있는 21세기 대한민국이라는 나라는 어떤 나라니? 사람들은 어떤 일을 하며 어떻게 살고 있니? '박 도령의 일상 체험'을 보면서 너희들의 꿈과 진로도 고민해 보고, 18세기 조선 사람들의 일상과 대한민국 사람들의 생활이 얼마나 다르고 같은지 비교해 보면 좋을 것 같아.

그나저나 아버지는 왜 나에게 일상 체험을 하라 하셨는지 끝내 말씀을 안 해 주시네. 답은 너 스스로 찾거라, 뭐 이런 건가? 아무튼 앞으로 내가 뭘 해야 할지 모르지만 한 가지는 확실히 깨달았어. 세상은 넓고, 할 일은 많다!

안녕~

1792년 봄, 한양 북촌에서 인걸

차례

때는 18세기 말 조선의 수도 한양. 북촌에 사는 박 진사는 둘째 아들 인걸을 사랑채로 불러 내일부터 며칠 동안 저잣거리로 나가 평민들이 어찌 살고 있는지 체험해 보라는 명을 내렸다. 사부학당에서 한창 과거 준비를 해야 할 시기에 평민 체험이라니. 인걸은 당황스러웠지만 지엄하신 아버지의 분부라 거역할 수 없었다. 박 진사는 당황한 빛이 역력한 인걸에게 입구가 봉해진 봉투 하나를 내밀었다. 내일 아침 모처에서 뜯어보라는 말과 함께.

박 진사

규장각 각신.
북학파 실학자로 상공업 발달에
관심이 많다.

박 도령

박 진사의 둘째 아들.
열다섯 살로 사부학당에 다니며
과거 준비 중.

돌쇠

박 진사 댁 남자 종.
박 도령보다 두세 살 위.

① 양반 체면에
장사라니

이른 아침 박 도령과 돌쇠는 아침을 먹고 집을 나섰다. 기와집이 빽빽한 북촌 마을을 빠져나와 가회방(오늘날 서울 종로구 가회동, 화동, 안국동 일대)을 지났다. 안국방(오늘날 서울 종로구 안국동, 재동 일대) 사거리에 이르러 박 도령이 어젯밤 박 진사가 준 봉서를 뜯어보았다. 뭐라 적혀 있을지 궁금한 표정으로.

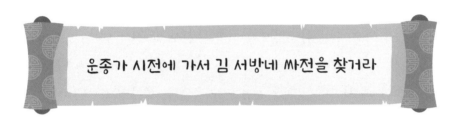

운종가 시전에 가서 김 서방네 싸전을 찾거라

봉서에 적힌 글을 읽은 박 도령은 한숨을 깊이 내쉬었다.

"뭐라 쓰여 있는뎁쇼?"

돌쇠가 펼친 종이를 향해 고개를 삐죽이 내밀었다.

"운종가에 가서 김 서방네 싸전을 찾아가라신다. 왜, 암행어사처럼 봉서를 주실 거면 마패도 몇 개 주시지 않고. 나 참."

봉서란 암행 사찰을 나서는 어사에게 임금이 주는 비밀 명령서로, 입구가 봉해진 편지를 말한다.

안국방을 빠져나온 두 사람은 운종가로 접어들었다. 가끔 심부름하러 다녀 본 돌쇠가 앞장서서 걸었다. 운종가 길 양옆의 시전 상인들이 점방 문을 하나둘 열기 시작했다. 비단 점방, 종이 점방, 무명 점방, 어물전 점방 등의 육의전을 지나 보신각 방향으로 조금 더 걷자 싸전이 쭉 늘어선 점방이 눈에 들어왔다.

"여깁니다요, 도련님."

돌쇠가 한 점방 앞에 멈춰 서서 박 도령을 바라보았다. 마침 점방 문을 열고 있던 김 서방이 박 도령을 보고 서서 절했다.

"아이쿠 도련님, 추운 날 아침 일찍 나오시느라 고생하셨습니다. 엊그제 박 진사님께 기별받았습죠. 진사 어른도 참 이상하시지, 천한 상것들이나 하는 장사 일을 뭘 배울 게 있다고 도련님께······. 추우니 일단 안으로 드시지요."

운종가 싸전 주인 김 서방. 김 서방은 원래 박 진사 댁 외거 노비였다. 외거 노비란 주인댁과 떨어져 사는 노비를 뜻한다. 10년 전 박 진사가 장사를 해 보라며 얼마간 밑천을 대 주었다. 셈이 밝고 부지런한 덕에 난전에서 장사를 시작한 김 서방은 이제 시전에 점방 하나를 마련할 정도로 돈을 좀 벌었다.

"마침 점원 아이가 고향에 내려가서 손이 달리던 참이었는데, 도련님과 돌쇠가 오늘 하루 일을 거들어 준다니 다행입니다. 뭐 어려운 일은 아니고요, 그저 제가 부탁드리는 일만 하시면 됩니다."

'학당에 안 나가니 좋긴 한데 나더러 장사 일을 도우라? 아, 양반댁 막내아들 체면이 말이 아니군.'

박 도령은 조금 떨떠름한 표정을 지으며 싸전 안으로 들어갔다.

시전 상인의 하루

김 서방네 싸전에는 쌀이며 보리, 콩, 팥, 좁쌀 같은 곡식이 가마니와 부대 또는 바구니에 담겨 손님을 기다리고 있었다. 김 서방은 쌀을 두어 말 펼쳐 놓고 쌀 속에 섞여 있는 돌을 고르기 시작했다. 그러면서 "그럼 이것부터……." 하며 박 도령에게도 돌 고르는 일을 시켰다. 박 도령은 쭈그리고 앉아 돌을 골라내면서 아, 이 지루하고 단순한 일을 언제까지 해야 하나 싶은 걱정이 앞섰다. 무슨 이야기라도 해야 덜 심심할 것 같은 분위기.

"김 서방, 요즘 장사는 잘되나?"

김 서방은 면천하여 신분상 노비가 아니지만 박 도령의 말투는 어릴 적 습관대로다.

"예, 뭐, 그럭저럭 먹고살 만한 정도지요. 그동안 고생한 거 생각하면, 아이고."

김 서방 눈에 얼핏 눈물이 고인다. 무슨 일이 있었던 걸까.

"왜 무슨 곡절이라도 있었나?"

"말도 마십시오, 도련님. 제가 대감마님 은혜로 10년 전 운종가에 나와 장사를 시작하지 않았습니까요. 그땐 밑천도 적고 해서 난전부터 시작했습죠. 성 밖에서 땅뙈기 조금 빌려 채소도 키워 팔고, 잡곡도 팔고, 땔감도 해다 팔고, 짚신도 삼아 팔고, 팔 수 있는 건 마누라랑 새끼 빼고 다 갖다 팔았습죠."

"고생이 심했겠구먼."

박 도령은 돌을 고르는 둥 마는 둥 하며 위로하는 척했다.

"진짜 고생은 힘든 일 때문이 아니었습죠. 그때 쇤네는 지금처럼 시전 상인이 아니었고, 길가에 좌판을 벌여 놓고 물건을 파는 난전 상인이었지요. 한데 난전은 시전 상인의 밥이었습니다. 시전 상인은 나라의 허가를 받은 상인입니다. 그들은 그때 저 같은 난전을 단속할 수 있는 권한을 가지고 모질게 다루었습지요. '금난전권'이라나 뭐라나. 하여튼 그러면서 시전 상인은 난전 상인의 물품을 자기들에게 넘기라 했고, 팔 물건을 자기들한테 사 가도록 했지요. 이해할 만도 합니다. 자기들은 나라에 세금을 바치고 관청에 싼값에 납품하는데, 허가도 받지 않고 세금도 내지 않는 난전 상인이 자기들과 똑같은 물품을 길에서 싸게 파니 화가 안 나겠습니까요."

"그도 그렇겠구먼."

박 도령이 맞장구를 쳤다.

"그때 난전을 하고 있던 저도 시전 상인한테 호되게 당했지요. 팔려고 가지고 나온 물품을 다 빼앗기다시피 하고, 포졸이라도 떴다고 하면 좌판을 거두지도 못하고 도망치고, 아이고. 그러다 한성부에 끌려가 곤장을 맞고 죽다 살아난 게 한두 번이 아니었지요. 쇤네가 그렇게 고생하는 걸 아신 대감마님께서 힘을 써 주셔서 작은 시전 점방을 하나 얻게 되었고, 악착같이 돈을 벌어서 지금 이렇게나마 살게 되었습니다."

돌을 골라내던 박 도령이 김 서방을 안타까운 듯 바라보았다.

"그랬구먼. 한데 오늘 보니 시전 난전 다 같이 장사를 하고 있던데."

"그게 작년부터 그리된 것입니다. 시전 상인의 행패가 심해지자 먹고 살기 위해 물건을 팔러 나온 소상인을 보호하자며 정조 임금께서 시전 상인이 가지고 있던 금난전권을 폐지하셨지요. 신해년에 경제가 서로 통하게 했다고 하여 '신해통공'이라 하는데 그 덕에 지금은 시전 난전 할 것 없이 누구나 자유롭게 장사를 하고 있지요."

두 사람이 이런저런 이야기를 나누는 동안 점방으로 손님이 하나둘 들어왔다. 김 서방과 손님 사이에 흥정이 오고 갔다. 흥정이 다 된 모양이었다. 김 서방이 송구한 표정을 지으며 박 도령을 바라보았다.

"도련님, 돌 고르는 건 그만하시고 배달 좀……."

박 도령이, 나? 하며 손가락으로 제 가슴을 가리켰다.

"일하는 아이가 없어서……. 상인에게는 제일 귀한 게 단골입니다. 워낙 한 번에 많이 팔아 주시는 단골이라 특별히 배달을 해 드려야 합니다."

"돌쇠 시키게. 돌쇠가 달리 돌쇤가, 힘이 장사잖은가. 돌쇠야!"

"돌쇠는 다른 심부름을 보냈습니다. 제가 점방을 비울 수도 없고……."

김 서방은 쌀 서 말과 찹쌀 한 말, 콩 닷 되를 각각 자루에 담아 박 도령이 진 지게에 실었다. 한쪽 무릎을 굽히고 앉았다 일어나며 박 도령은 끄응, 하며 신음 비슷한 소리를 냈다. 시전을 나선 박 도령은 무겁

고 힘든 것보다 행여 아는 사람이라도 만나지 않을까, 얼굴을 제대로 들지 못한다.

박 도령은 쌀을 사러 온 노비를 따라 경복궁 서쪽에 있는 서촌까지 낑낑대며 지게를 지고 갔다. 추운 날씨지만 등에 땀이 나 춥지 않을 정도. 시전에 돌아오자 해가 남산 위에 떠 있었다.

"어이쿠 도련님, 고생 많으셨습니다. 돌쇠랑 길 건너 피맛골에 가서 국밥 한 그릇 드시고 오시지요."

김 서방이 돌쇠에게 엽전 몇 푼을 쥐어 주었다.

피맛골이란 고관대작이 말을 타고 지날 때 상민이 '말을 피하는 길'이라는 뜻인데 운종가 뒷골목에 있다. 이곳에 식당이 즐비했다. 박 도령과 돌쇠는 국밥집을 둘러보다가 '국밥천국'이라는 상호가 붙은 집으로 들어섰다.

국밥천국에서 국밥 한 그릇을 깨끗이 비우고 나오자 운종가는 말 그대로 사람들이 구름처럼 몰려들어 북적거렸다. 공터에선 원숭이가 재주를 부리며 사람들의 눈길을 사로잡는다. 그렇게 사람을 불러 모아 놓고 물건을 파는 것이다. 점방 앞길에는 손님을 끌어들이고 거간비를 받는 여리꾼이 지나는 사람들에게 다가가 무얼 찾느냐며 말을 붙이고 있었다. 오늘날 속된 말로 '삐끼' 노릇을 하는 것이다. 운종가에는 먹을 것, 입을 것, 신을 것, 농기구, 갓, 그릇, 땔감, 장신구 등 별의별 물건이 다 있고 별별 사람이 다 있었다. 시전 구경이 처음인 박 도령은 신기한지 연신 고개를 두리번두리번.

조선의 수도 한양은 어떻게 이렇게 활기찬 도시가 되었을까. 조선은 개국 후 수도를 이곳 한양으로 옮기고 나서 오늘날 광화문 사거리인 육조거리가 끝나는 곳에서부터 종로3가 근처까지를 시전 거리로 조성했다. 지금의 광장시장 자리인 배오개와 남대문 밖 칠패에도 시전을 만들었다. 그러고 보니 오늘날 광장시장이나 남대문시장의 역사가 6백 년이 넘는다.

배오개시장은 한양 도성 밖에서 재배한 채소를 파는 것으로 유명했고, 칠패시장은 마포 나루를 통해 들어온 어물전이 유명했다. 한양 외곽에는 이런 시전 말고 다른 시장도 있었다. 한강을 타고 한양으로 들어오는 길목인 송파나루, 즉 오늘날 가락동 농수산물 시장 부근에 큰 농수산물 시장이 있었고, 마포나루에도 서해에서 들여온 생선과 새우젓을 파는 시장이 있었다. 그때 조선에는 지방에도 시장이 많이 생겨나서 닷새마다 열리는 '장시'가 전국에 1,000개가 넘었다고 한다.

박 도령이 살던 18세기 말 조선에서는 상업이 비약적으로 발전하기 시작했다. 그 배경에는 다양한 이유가 있다. 우선 조선 전기에 비해 농업 생산량이 열 배 이상 늘어 일부 부유한 농민이 남는 농산물을 유통하면서 상업이 활기를 띠었다. 1708년 대동법이 전국적으로 시행된 것도 시장 발달에 영향을 미쳤다. 대동법은 지역 토산물을 세금으로 바치던 공납을 쌀이나 면포, 동전으로 내게 하는 제도다. 대동법에 따라 나라에서 세금으로 받은 쌀을 시장에 유통하고 필요한 물품을 시장에서 구매하는 가운데 수공업과 상업의 발달이 함께 이루어졌다. 또 1678년

'상평통보'라는 동전이 본격적으로 유통되면서 물건을 사고팔기 편리해진 것도 시장에 활기를 더했다. 거기에 1791년 신해통공 조치를 통해 금난전권을 폐지하고 시전이든 난전이든 누구나 자유롭게 장사를 할 수 있게 하자 상업이 전례없이 호황을 누리게 된 것이다.

보람찬 하루 일을 끝마치고서

따뜻한 국밥으로 배를 든든히 채운 후 박 도령과 돌쇠는 점방으로 돌아왔다. 김 서방은 도련님께 어떻게 이런 일을 시킬 수 있겠습니까, 하면서도 시킬 건 다 시켰다. 박 도령의 아버지 박 진사가 김 서방에게 소위 '빡세게' 시키라고 부탁한 탓이다.

"오신 김에 오늘 창고 정리도 좀……"

박 도령은 돌쇠와 함께 2층 창고를 정리하고, 팔 곡식을 아래 점방으로 옮기고, 중간중간 배달을 다녀오는 등 이런저런 일을 거들며 오후 시간을 보냈다. 그러다 보니 어느새 해가 지고 점방 문을 닫을 때가 되었다.

"도련님!"

김 서방이 툴툴 먼지를 털며 박 도령을 불렀다.

"오늘 많이 힘드셨지요? 이건 제 성의입니다."

김 서방이 엽전 몇 닢을 박 도령에게 내밀었다.

"어허, 김 서방, 내가 돈을 벌려고 한 게 아니란 걸 김 서방도 알지 않는가."

"압니다요. 하나 대감마님과 다 얘기된 것이니 괘념치 말고 받아 주십시오."

"아버님과 무슨 이야기를 나눴는지 모르나 난 알 바가 아닐세."

받냐, 안 받냐, 두 사람이 옥신각신하는 사이에 돌쇠가 동전을 날름 받아 챙긴다.

"도련님, 가는 길에 떡이나 사 자시지요. 헤헤."

김 서방네 싸전을 나섰다. 운종가에 어둠이 내려앉기 시작했다. 시전의 점방이 하나둘 문을 닫고 있었다. 박 도령과 돌쇠는 북촌 방향으로 걸음을 옮겼다. 탑골에 우뚝 선 10층 석탑이 어둑한 하늘 아래서 하얗게 빛나고 있다. 집으로 향하면서 박 도령은 생각했다.

'아버님은 무슨 생각으로 내게 이런 일을 시키신 걸까?'

박 도령은 도무지 모르겠다는 듯 고개를 두세 번 가로저었다. 어쨌거나 오늘 박 도령은 장사 체험을 하느라 힘도 들고 창피하기도 했지만 활기찬 저잣거리 풍경과 시장 사람들의 살아가는 모습을 보며 마음이 훨씬 밝아진 것을 느꼈다. 주위를 돌아보던 박 도령이 돌쇠를 불렀다.

"돌쇠야, 돌쇠 어디 갔어?"

떡집 골목인 낙원동 쪽에서 떡쇠가, 아니 돌쇠가 두 손에 떡을 쥐고 환한 얼굴로 뛰어왔다.

신해통공이란?

    조선 후기 상업이 발달하면서 허가받지 않은 난전이 크게 늘자 조정에서는 시장 질서를 바로잡고 나라에 세금을 내는 시전을 보호하기 위해 시전 상인에게 난전을 규제할 수 있는 권리, 즉 '금난전권'을 주었다. 그러자 시전 상인이 마음대로 난전을 단속하면서 새로운 문제가 생겼다. 시전이 상품 거래를 독점하다 보니 물건값이 올라 백성이 입는 피해가 커졌고, 과도한 단속을 당한 난전의 불만이 고조되었다.

    이에 정조는 1791년 신해년에 육의전을 제외한 시전 상인의 금난전권을 폐지하고 누구나 자유롭게 장사할 수 있게 했다. 이를 신해년에 경제가 서로 통하게 했다는 뜻으로 '신해통공'이라 부른다. 신해통공으로 시장이 전국적으로 확대되면서 상업이 더욱 활기를 띠게 되었다.

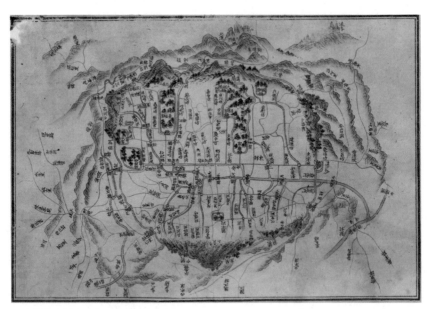

18세기 중반 한양도 ⓒ 서울역사아카이브

근근근근근근근근근근근 대동법이란? 근근근근근근근근근근근

　　지방의 토산물을 세금으로 내는 제도를 '공납'이라고 한다. 공납은 조선 백성을 가장 힘들게 하는 세금이었다. 자연재해 등으로 생산에 차질이 생겨 구하기 어려운 경우라도 반드시 특산물을 바쳐야 했기 때문이다. 만약 특산물을 구하지 못하면 돈을 내고 사서 바쳐야 하는데 물품을 파는 방납 업자가 값을 비싸게 매겨 농민 부담이 이만저만이 아니었다.

　　이 같은 폐단을 해결하기 위해 1608년 광해군은 '대동법'을 시행했다. 대동법이란 집집마다 특산물로 바치는 세금을 쌀로 통일해 납부하는 제도다. 대동법은 집마다 내는 게 아니라 토지 소유에 따라 내는 것이어서 토지가 적거나 없는 농민의 부담을 확 줄여 주었다. 처음에 대동법은 경기도에서만 시범적으로 시행되었다가 점차 전국으로 확대되었다. 그리고 마침내 대동법이 처음 시행된 지 100년만인 1708년 전국에서 시행되었다. 대동법 시행으로 시장이 발달하고 화폐 유통이 더욱 확대되었다.

상평통보 당이전 앞면, 뒷면 ⓒ 국립중앙박물관
동전이 유통되기 시작하면서 물건을 사고팔기 편해짐에 따라 전국에 시장이 활기를 띠었다.

❶ 장사의 신, 시전 상인

　　1394년 태조 이성계는 한양 천도를 단행하면서 신도시 한성을 조성했다. 북악 아래 제1궁인 경복궁을 짓고, 궁 동쪽에 종묘를, 서쪽에 사직을 만들었다. 이어 관청가인 육조거리를 만들었다. 그러고 나서 육조거리가 끝나는 곳인 광화문 사거리에서 흥인문(동대문) 방향으로 동서로 가로지르는 길 양편에 시전 행랑을 지었는데, 이것이 바로 한성의 시전이다. 시전이 있는 그 거리를 '운종가'라고 불렀다. 운종가란 사람들이 구름처럼 모였다 흩어지는 거리라는 뜻.

　　시전에서 장사하는 시전 상인은 국가에 의무를 지고 권리를 챙겼다. 시전 상인이 지는 의무는 왕실과 관청에 물건을 납품하는 것이었다. 나라에 중요한 물품을 납품하는 시전 상인에게 나라에서는 엄청난 특혜를 주었다. 지방에서 물건을 가져온 사람들에게서 물건을 싼값에 독점적으로 넘겨받아 유통하여 막대한 이익을 얻을 수 있게 해 준 것이다.

　　시전 상인은 시전 상인이 아닌 자가 함부로 물건을 파는 경우 판매한 물건을 압수하고 판매자를 체포하고 가둘 수 있는 엄청난 권리를 부여받았다. 이것이 바로 난전을 금지할 수 있는 권리, 즉 '금난전권'이다. 조선 후기 들어 금난전권으로 인한 횡포가 심해지고 난전의 수가 늘어나자 중요한 여섯 가지 품목을 파는 육의전만 예외로 두고 금난전권이 폐지되었다.

❷ 운종가에 자리 잡은 시전

　　시전은 오늘날 광화문 사거리에서 시작해 종각 방향으로 이어진 종로 길 양편에 형성되었다. 시전은 국가에 물건을 납품하는 게 목적이었으므로 오늘날 시장처럼 점포 밖에 물건을 진열해 놓고 팔지 않고 시전 행랑 안에 물건을 진열해 놓고 손님을 맞았다. 이때 호객을 하는 여리꾼이 길에 나와 물건을 사려는 사람에게 접근해 그들을 점포로 끌어들였다. 금난전권이 폐지되어 난전 상인도 자유롭게 운종가에서 장사를 할 수 있게 되었지만 그렇다고 난전 상인이 모든 물건을 판매할 수 있었던 건 아니다. 가장 중요한 여섯 가지 품목은 여전히 시전 상인이 독점적으로 유통했다. 이 여섯 가지 상품을 파는 시전을 '육의전'이라고 한다. 육의전이란 수입 비단을 파는 선전, 국산 비단인 명주를 파는 면주전, 무명을 파는 면포전, 베를 파는 저포전, 종이를 파는 지전, 건어물을 파는 어물전 등이다. 육의전은 시전의 중심지라 할 수 있는 종각 사거리 부근에 자리 잡았다.

❸ 생필품·명품은 모두 시전으로!

　시전 행랑 바로 뒤에는 물품을 보관하는 창고가 있고, 상인의 거주지가 자리 잡고 있다. 그렇다면 신도시 한성의 대표 시장인 시전에서는 어떤 물건이 사고팔렸을까?

　광화문 사거리에서 종각 방향으로 왼쪽, 즉 종로 북쪽 편 시전 행랑부터 살펴보자. 가장 먼저 돗자리를 파는 인석전이 있다. 인석전 옆에는 상등품 쌀을 파는 상미전, 그 옆에는 잡곡을 파는 잡곡전이 자리 잡았다. 그렇게 종각 방향으로 이어지던 시전 행랑은 지금의 종각 사거리 시작 지점에서 멈춘다. 현재 SC은행이 있는 자리에 의금부가 버티고 있다. 의금부는 오늘날 검찰청과 국가정보원의 기능을 하는 사정 기관인데 그런 관청이 시전 노른자 땅에 떡 자리 잡은 것이 이채롭다. 1895년 동학 지도자 녹두장군 전봉준이 역모죄로 처형된 곳은 시전의 최고 중심가인 의금부 맞은편이었다.

　의금부 옆에는 시전 중에서도 가장 화려한 상점이 자리했다. 바로 고급 수입 비단을 파는 선전이다. 선전이 모여 있던 그곳에 일제강점기 때 화신백화점이 들어섰다. 지금은 그 자리에 종로타워가 우뚝 서 있다. 선전 옆에 베를 파는 저포전, 은국전이 이어졌다. 은국전은 술을 만드는 누룩을 파는 점포인데 누룩에서 나는 흰색이 은과 같아 은국전이라 불렸다. 시전을 처음 조성할 당시 시전의 범위는 종각 사거리 정도까지였으나 점차 동쪽으로 확장되어 종묘 근처까지 이어졌다.

김홍도 〈담배썰기〉, 『단원풍속도첩』 중에서
© 국립중앙박물관

그렇다면 길 건너 남쪽 편 시전에서는 어떤 물건이 팔렸을까? 오늘날 광화문 우체국 자리에는 우산을 파는 우산전, 우산전 옆에는 말린 꿩고기를 파는 치계전, 사기그릇을 파는 사기전, 과일과 견과류를 파는 과물전, 국산 비단인 명주를 파는 면주전, 말총이나 기타 잡화를 파는 상전, 담배와 담뱃대를 파는 연죽전, 종이를 파는 지전이 이어졌다. 이렇게 이어지던 시전 행랑은 오늘날 종각 사거리 영풍문고 자리에 있는 면포전과 면자전까지 이어졌다. 면포전에선 무명과 은이 거래되고, 면자전에서는 솜을 팔았다. 면포전과 면자전이 있는 그곳이 대각선 맞은편에 있는 선전과 더불어 시전의 핵심 상가 지역이라 할 수 있다.

종묘 방향으로 길을 건너면 종루, 즉 종각이 나온다. 오늘날과 마찬가지로 시전의 노른자 땅인데 그 주변에 중요한 시전이 자리 잡았다. 삼베를 파는 포전, 포전 옆에 종이를 파는 지전, 그 옆에는 철제용품을 파는 철물점이 있었다. 동서로 뻗어가던 시전은 종각에서 숭례문(남대문) 방향 T자로 이어지는데, 청계천을 건너는 광통교 주변엔 책을 파는 책사와 서예와 그림을 파는 서화사가 있고 청계천 주변에는 안경을 파는 안경방, 붓과 벼루 같은 문방구를 파는 필방이 자리 잡았다.

❹ 금강산 구경도 식후경이라는데

　　운종가의 시전은 물건만 파는 곳이 아니었다. 사람이 모이다 보니 먹거리도 필수. 종로 북쪽 시전 행랑 뒤에는 피맛길이라는 좁은 길이 나 있었다. 피맛길은 운종가 뒤편에 있는 뒷골목으로, 고관대작이 운종가 대로를 말을 타고 지날 때 그 행차에 절을 하기 싫은 사람들이 지나던 골목이다. '말을 피하여 다니는 길'이라 하여 피맛길. 오늘날 청진동 일대가 피맛길이었는데 그 길에 음식점이 즐비했다. 고관대작에게 절하기 싫어서 들어선 사람, 물건을 사고팔다 허기가 진 사람들이 피맛길에 있는 음식점에서 허기를 채웠다. 피맛길은 오늘날 '피맛골'로 불리는데 2000년대 초만 해도 피맛골에는 오래된 음식점이 많았다. 하지만 이제는 고층 빌딩이 들어서 그 멋도 맛도 찾아보기 힘들고, 종로1가에서 종로3가 뒷골목에 옛 피맛골의 모습을 볼 수 있다.

　　피맛길 길 건너 지금의 서린동 쪽 시전 행랑 뒤에는 국숫집들이 있었다. 금강산 구경도 식후경이라고, 시장보다 출출하면 국수 한 그릇으로 시장을 면했을 터. 지금도 시장의 맛은 맛집 탐방이 아닐까.

1900년대 초 종로와 피맛길.
오른쪽 기와집 사이 좁은 골목길이 피맛길이다. ⓒ 서울역사아카이브

2

성균관 유생으로
보낸 하루

밤새 내린 함박눈이 북악산에 하얗게 쌓였다. 휘, 휘, 눈의 찬기를 머금은 북풍이 북촌 마을에까지 와 닿았다. 박 도령 인걸과 돌쇠는 잔뜩 몸을 웅크린 채 허연 입김을 내보내며 마을 어귀를 빠져나왔다.

"도련님, 어서 봉서를 뜯어보시지요. 그래야 동으로 갈지 서로 갈지 알 수 있지 않겠습니까요."

박 도령은 소매에 넣어 둔 봉서를 꺼내 곱은 손으로 뜯어보았다.

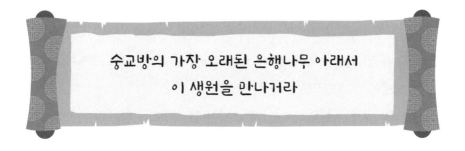

숭교방의 가장 오래된 은행나무 아래서
이 생원을 만나거라

"무슨 미선입니까요?"

박 도령은 '미선? 미선이 뭐?' 하는 표정으로 돌쇠를 쳐다보았다.

"쇤네는 주인마님께서 도련님께 내주시는 임무를 '미선'이라 부르기로 했습니다요. 아름다울 미(美), 착할 선(善), 아름답고 착한 임무를 수행한다, 그런 뜻입지요. 헤헤."

"갖다 붙이기는. 서당 개 삼 년에 음 풍월이라더니, 문자가 제법이구나."

아닌게 아니라 돌쇠는 인걸이 어렸을 때 서당에 업어다 주곤 했는데 그럴 때마다 어깨 너머로 천자문을 익혔다.

동쪽으로 방향을 잡은 두 사람은 창덕궁 앞을 지나 숭교방(오늘날 서울 종로구 명륜동, 혜화동 일대) 근처에 이르렀다. 그러고는 행인에게 이 동네에서 가장 오래된 은행나무가 어디냐고 물어 겨우 그 장소를 찾아냈다. 그곳은 공자와 맹자 같은 성현께 제사를 지내고, 과거를 준비하는 유생들이 좔좔좔 글을 읽는 성균관이었다.

과연 성균관 앞뜰에는 줄기가 굵은 은행나무 두 그루가 늠름하게 서 있었다. 주위 건물을 둘러보고 있는데 청금복(조선 시대 유생이 입던, 옥색과 청색의 옷)을 입은 유생 한 명이 두 사람을 향해 걸어 나왔다. 유생이 박 도령 앞에 다가섰다.

"네가 인걸이구나. 박 진사께 말씀 들었다. 편하게 나를 이 생원이라 부르렴. 마침 오늘 수업이 없어 너를 안내할 수 있게 되어 다행이구나."

박 도령이 낭패스러운 표정을 지었다.

"성균관 유생 체험하러 왔는데 수업이 없다니요, 그게 무슨 말씀이신 지요."

"그건 나중에 설명해 줄 수도 있고 안 해 줄 수도 있으나, 우선 간단히 건물들을 둘러보고 공부 이야기를 하도록 하마."

소과에 합격한 후 성균관에 입학하여 대과 준비

이 생원은 박 도령과 돌쇠를 데리고 한 건물 앞으로 갔다. 돌쇠는, 이곳은 내가 굳이 따라올 필요가 없는 곳 아닌가, 하는 표정으로 뒤따랐다.

"이곳은 성균관 유생이 공부하는 학교란다. 태조께서 조선을 건국하시고 한양으로 천도하실 때 성균관도 옮겨 왔는데 그때 지은 건물이지. 저기 현판을 읽어 보거라. 그렇지, 명륜당. 명륜당은 유생이 수업을 듣는 강의실이란다. 성균관의 중심이 되는 공간이지."

명륜당을 나온 세 사람은 '존경각'이라 쓰인 현판이 붙어 있는 건물 앞으로 갔다.

"존경각은 성종이 책 1만 권을 하사하여 세운 도서관이다. 유교 경전과 각종 책이 비치돼 있는데, 유생들은 이곳에서 마음껏 책을 빌려다 읽곤 하지."

세 사람은 존경각을 지나 또 다른 건물 앞으로 걸어갔다.

건물에 이르자 이 생원이 말했다.

"저 현판을 한번 읽어 보거라."

박 도령은 자신 있게 "불한당"이라고 답했다.

"불한당? 예끼, 저 글자는 불한당이 아니라 '비천당(丕闡堂)'이니라. 과거를 보는 곳이지."

"흠흠, 그렇게 되나요?"

박 도령이 계면쩍게 웃었다.

"과거가 보통 3년에 한 번씩 열리는 걸 너도 알 게다. 하나 이곳 성균관 유생은 정규 과거 외에도 비정기적으로 과거를 본다. 성균관에서 보는 과거를 '관시', 혹은 '알성시'라고 하지."

그랬다. 성균관 유생을 상대로 치르는 관시나 알성시는 엄청난 특혜였다. 지방 유생은 3년에 한 번 치르는 정규 시험에 목을 매는 데 비해 성균관 유생은 수시로 과거를 봐서 관리가 될 수 있었으니 이보다 더 큰 혜택이 어디 있을까. 이 때문에 소과에 급제한 생원과 진사들이 성균관에 들어가려고 애를 쓴 것이다.

"그럼 생원님도 과거에 급제하셨겠네요?"

박 도령이 이 생원에게 물었다.

"그렇다. 몇 년 전 소과 생원시에 합격해 이곳에 입학했지."

과거를 준비하는 학생이어서 그런지 박 도령은 궁금한 게 많았다.

"그럼 소과에 꼭 합격해야만 이곳에 입학할 수 있나요?"

"그렇지는 않아."

이 생원이 말을 이어갔다.

"성균관 입학 자격은 원칙적으로 소과에 합격한 생원과 진사에게 주어진단다. 과거는 크게 예비시험인 소과와 본시험인 대과로 나뉘고, 소과에는 유교 경전 시험인 생원시와 문장을 짓는 시험인 진사시가 있지. 소과의 생원시나 진사시에 합격하면 성균관에 입학해 대과를 준비할 수 있단다. 내가 지금 그 과정을 밟는 중이지. 하나 소과에 꼭 합격하지 않더라도, 참, 인걸이 너 지금 사부학당(조선 시대 한양의 동부, 서부, 남부, 중부, 네 곳에 설치한 중등 교육기관)에 다닌다고 했지? 사부학당에서 치르는 시험에서 우수한 성적을 낸 학생도 입학 자격을 주고, 기부금을 내고 입학할 수도 있어. 생원이나 진사가 아닌 유생을 '기재생'이라 부르지."

설명을 마친 이 생원은 마당을 사이에 두고 똑같이 생긴 건물로 박 도령과 돌쇠를 안내했다.

"여기가 유생이 묵는 기숙사란다. 동쪽 편에 있는 건 동재, 서쪽 편 건물은 서재라 부르지. 한 방에서 네 명 정도의 유생이 밤늦도록 책을 읽고 잠을 잔단다."

성균관 유생은 기숙 생활이 원칙이다. 오늘날 재수생을 위한 기숙학원 같다고 할까. 외부에 나가지 않고 먹고 자고 공부하니, 공부하는 데 효과적이라 생각할 수 있다. 하지만 일 년도 아니고 몇 년씩 갇혀 지내며, 여러 명이 한 방에서 생활하는 건 쉬운 일이 아니다. 그 때문에 성균관의 대학촌인 반촌에서 하숙하는 유생도 더러 있었다. 어쨌거나 성균관은 먹여 주고, 재워 주고, 공부시켜 주고, 책과 학용품까지 주는 무상 국립대학교인 셈.

인걸은 성균관에 입학하면 먹여 주고 재워 주고 가르쳐 주는 것은 좋지만 밖에 나가지도 못하고 공부만 해야 한다니 숨이 턱 막히는 것 같았다. 근심 어린 인걸의 표정을 본 이 생원의 얼굴에 미소가 피어났다. 세 사람이 기숙사에서 식당으로 향하는데, 이 생원보다 젊어 보이는 유생이 급히 뛰어오며 이 생원을 불렀다.

"장의(성균관 유생의 임원 가운데 으뜸 자리)! 급한 일이 생겼습니다. 좋은 소식, 나쁜 소식 있는데 어떤 것부터?"

"좋은 소식!"

"동재 소속 장의를 퇴학시키기로 결정이 났답니다. 따라서 권당(조선 시대 성균관 유생들이 제 주장을 관철하고자 시위하며 관을 물러나던 일)을 풀라는……."

"나쁜 소식은?"

"오후 수업 시간에 주상께서 직접 시험을 치시겠다는……."

"흐억!"

정조의 긴급 시험 "답안이 어찌 이따위냐!"

정조는 성균관 유생에게 기대가 큰 나머지 가끔 성균관에 들러 시험을 치곤했는데 오늘이 바로 그런 날인 듯. 당황한 이 생원의 행동이 빨라졌다.

"돌쇠라고 했느냐? 오늘 수업이 없어서 이곳 노비들이 모두 반촌으로 쉬러 갔으니 너는 어서 기숙사 앞으로 가서 북을 세 번 치거라. 그리하면 유생들이 명륜당으로 모여들 게야. 인걸이 너는 나와 같이 가자꾸나."

이 생원이 이른 대로 돌쇠가 북을 세 번 쳤다.

둥, 둥, 둥, 북소리가 울리자 성균관 안에 있는 유생이 하나둘씩 명륜당으로 모여들었다. 유생들이 명륜당에 모이자 정말 곤룡포를 차려입은 임금이 강의실 안으로 들어왔다! 성균관 교관인 박사와 유생들이 일제히 임금에게 머리를 숙였다. 모두 자리에 앉자 임금이 입을 열었다.

"유생 제군들 모두 공부 열심히 하고 있겠지. 내 문제를 낼 것이니 답을 적어 내도록 하라."

임금은 흠흠 하더니 말을 이었다.

"『주역』을 토대로 조선의 개혁 방안 두 가지를 논술하라."

하, 유생들 사이에서 짧은 탄식 소리가 새어 나왔다. 풀기 어렵다는 얘기겠다. 인걸은 당장 명륜당을 뛰쳐나가고 싶은 심정이었다. 하지만 임금님이 바로 앞에 있으니 그럴 수도 없었다. 사부학당 학생인 인걸은 『소학』을 뗐고, 『논어』·『맹자』·『대학』·『중용』도 여러 차례 읽었으나『주역』(천지 만물의 변화하는 현상을 해석한 유교 경전)은 한 번 본 것이 전부였다. 뭐라 답할 말이 없었다. 어유 끔찍해!

추운 겨울인데 인걸의 이마에 땀이 송송 맺히고 정수리 위에서 김이 모락모락 피어올랐다.

시간이 지나고 유생들이 답안지를 제출했다. 유생의 답안을 놀라울 정도로 빠르게 읽어 가던 임금은 얼굴 빛이 점점 어두워지더니 흐음 하며 한숨을 내쉬었다.

"답안이 어찌 이따위냐? 이러고도 너희들이 성균관 학생이라 할 수 있느냐!"

다시 답안을 넘겨 가며 읽던 임금은 한 답안지를 보더니 두 눈을 크게 치켜떴다.

"누구냐, 백지를 낸 자가. 누가 백지 답안을 내었지?"

명륜당 안에 싸늘한 정적이 흘렀다. 인걸은 죽을 맛이었다. 유생 체험을 보낸 아버지가 밉고, 시험 안 보겠다는데 끌고 온 이 생원이 밉고, 어려운 문제를 낸 임금이 밉고, 『주역』을 공부해 두지 않은 자신이 미웠다. 인걸이 쭈뼛쭈뼛 자리에서 일어났다. 그러자 옆에 있던 이 생원이 따라 일어섰다.

"전하, 소생 성균관 서재 장의 이 아무개입니다. 이 아이는 규장각 각신 박 아무개의 차자(둘째 아들)인데, 오늘 어쩌고저쩌고하여 이곳까지 왔으나 아직 『주역』을 섭렵하지 못한지라……. 통촉하여 주시옵소서."

다시 침묵. 모두 머리를 조아린 채 임금을 바라보는데, 임금 얼굴에 미소가 번졌다.

"껄껄. 각신 박 아무개 아들이라고? 그래 이번 한 번은 봐줄 터이니 앞으로 열심히 공부하여 성균관에 입학할 수 있도록 하여라. 알겠느냐?"

인걸은 모기같은 소리로 네, 하고 대답했다.

명륜당을 나와 식당으로 가는 길에 이 생원이 인걸을 쳐다보았다.

"놀랐느냐?"

"놀라다마고요. 오늘 유생들이 수업을 안 하는 바람에 임금님이 화 나셔서 갑자기 시험 보시러 온 거 아닙니까? 그 때문에 제가 험한 경우를 당하고……."

"허허. 그런 데는 다 사연이 있단다. 성균관 유생 자치기구인 재회에서 동재와 서재 사이가 안 좋은데, 동재 장의인 윤 모 유생이 늘 조정을 비방하고 당쟁(당파를 이루어 서로 싸우는 일)을 일삼으며, 권세가와 결탁하여 우리 서재 유생을 공격하고, 술과 여자에 빠져 지내는 등 추태가 심하여 서재 소속 유생들이 그자를 처벌하라며 며칠째 수업 거부와 단식 투쟁을 하고 있었단다. 오늘 마침 그자를 퇴학시키기로 결정이 났으니 속이 후련하구나."

식당으로 가는 길에 인걸은 생각했다.

'여기 참 만만한 곳이 아니구나.'

식당에서 밥을 먹고 인걸과 돌쇠는 왔던 길을 따라 집으로 향했다. 인걸의 머릿속이 복잡했다. 유생의 목표는 과거 예비시험에 합격한 뒤 성균관에 입학해 대과를 치르고 관리가 되는 것인데, 성균관 생활이 이토록 어려우니, 아버님이 나를 성균관에 보내신 건 열심히 공부하여 성균관에 입학하라는 걸까, 하지 말라는 걸까. 헷갈린다, 헷갈려!

그런 생각에 빠진 채 박 도령은 지는 해를 바라보며 북촌 방향으로 발걸음을 옮겼다.

ㄹㄹㄹㄹㄹㄹㄹㄹㄹ 성균관의 대학촌, 반촌 ㄹㄹㄹㄹㄹㄹㄹㄹㄹ

　　반촌은 성균관 동쪽에 있던 대학촌. 반촌에는 저잣거리처럼 식당, 술집, 하숙집이 있어서 매달 8일과 23일 한 달에 두 번 외출하는 유생들이 먹고 쉬고 즐기는 곳이다. 반촌에는 성균관 소속 노비인 반인들이 살았다. 반인은 성균관 유생의 시중을 들고, 성균관 대성전에서 공자, 맹자, 이황, 이이 등 성현께 제사를 지낼 때 제사 준비와 진행을 도왔다.

　　반촌은 좀 특이한 공간이었다. 조선은 소를 도축해 유통하는 걸 법으로 금지했는데, 이곳 반촌에선 소 도축이 허용됐다. 이들이 잡은 소는 가끔 성균관 유생을 위한 특식으로 쓰였다. 또 하나 특이한 건 반촌은 치외법권 지역 같은 곳이었다는 점. 죄인이 반촌으로 숨어들어 오면 포졸이 함부로 들어와 죄인을 잡아갈 수 없었다. 공자의 제사를 모시는 반인과 반촌을 함부로 대할 수 없었기 때문이다.

ㄹㄹㄹㄹㄹㄹㄹㄹㄹ 성균관 유생의 하루 ㄹㄹㄹㄹㄹㄹㄹㄹㄹ

　　성균관 유생의 하루는 공부로 시작해 공부로 끝난다. 이른 아침 북소리와 함께 잠을 깨면 세수를 하고 책을 읽는다. 다시 북이 울리면 아침을 먹고 강의실인 명륜당으로 간다. 수업은 『논어』·『맹자』·『대학』·『중용』, 『시경』·『서경』, 『예기』, 『춘추』, 『역경』 등 사서오경을 읽고 풀이하고 외우는 것으로 진행되는데, 그날그날 배운 것을 테스트하고, 열흘마다 또 월말에 시험을 치른다. 그리고 가끔 성균관에서 치르는 비정기 과거시험인 관시나 알성시를 봤다. 그런 과거시험은 출석 점수인 원점 300점을 받아야 응시 자격이 주어지며 원점은 아침과 저녁 먹을 때 출석 체크를 하면 1점을 받는다.

❶ 배움에 끝이 없다, 서당에서 성균관까지

조선은 관리를 양성하고 유교 이념을 전파, 유지할 목적으로 학교를 세우고 학생을 교육했다. 조선에는 크게 두 부류 학교가 있었다. 나라에서 운영하는 관학과 개인이 만든 사학이다. 관학은 오늘날 국공립 학교라 할 수 있다. 사학은 말 그대로 사립학교다. 관학은 중앙과 지방에 모두 있었는데 중앙에 있는 공립학교는 '사부학당', 지방에 있는 공립학교는 '향교'라 부른다. 이곳에서 교육을 마치면 국립대학 격인 성균관에 진학한다. 사립학교에 해당하는 교육기관으로는 서당과 서원이 있다.

❷ 조선의 사립 초등학교, 서당

서당은 보통 7~8세에 입학해 15세 전후에 졸업한다. 서당은 주로 양반가에서 자녀 교육을 위해 훈장을 초빙하여 운영했다. 더러 마을에서 서당을 설립해 유랑 지식인을 모셔 와 훈장으로 앉히기도 했다.

서당에서는 어떤 내용을 배웠을까. 한자의 기본인 천자문, 어린이 학습서 『동몽선습』과 『소학』, 역사서인 『통감』, 그리고 조금 더 나아가 『논어』와 『맹자』 등을 익혔다. 서당의 교육 방식은 주로 강독과 제술이었다. 강독은 책의 내용을 암송하거나 질문에 답하는 것이고, 제술은 아는 내용을 글로 쓰는 것이다.

서당의 교육 목표는 유교 사회의 일원으로 살아가는 기본적인 인간을 만드는 것과 동시에 최종 목표인 과거시험 준비를 위해 상급 교육기관인 사부학당이나 향교에 진학하는 것이다. 서울과 지방의 초등

김홍도 〈서당〉, 『단원풍속도첩』 중에서
© 국립중앙박물관

교육기관 기능을 했던 서당은 19세기 말 이후 점차 줄어들었으며 일제강점기 때 대부분 사라졌다.

❸ 지방 공립 중고등학교, 향교

향교는 오늘날 지방에 있는 공립 중고등학교에 해당한다. 향교가 있는 지역은 보통 '교동'이라 불리는 경우가 많다.

향교는 지방의 군현마다 설립됐다. 읍 하나에 향교 하나를 설치하는 게 원칙이었다. 향교가 서당과 다른 점은 15세 이상 청소년이 다니는 학교이면서 공자와 학덕이 높은 성현의 제사를 지내는 기능을 겸했다는 점이다.

향교에 다니는 학생을 '교생'이라 불렀다. 교생은 주로 15세 이상 남자 청소년으로, 양반집 자식, 아버지가 양반이고 어머니가 양인이나 천인이어서 양반의 피가 반쯤 섞인 서얼, 그리고 경제적 여유가 있는 평민 자식들이었다. 향교 교생의 특전 가운데 무척 중요한 한 가지는 군역 면제였다. 과거를 준비하는 학생이라는 이유로 군대를 면제받은 것이다. 향교는 조선 후기 들어서 그 기능이 점차 약화되어 지방 양반 사족의 이해를 대변하고 유교 성현의 제사를 지내는 기관으로 변화했다.

강릉향교 전경 ⓒ 문화재청

강릉향교 명륜당 ⓒ 문화재청

❹ 중앙 공립 중고등학교, 사부학당

지방에 향교가 있다면 서울에는 사부학당이 있었다. 사부학당은 한양의 동부, 서부, 남부, 중부 네 지역에 설립한 공립학교다. 서울 안 네 곳에 설치되었다고 하여 '사학(四學)'이라고도 한다. 사학은 조선의 국립대학교인 성균관의 부속 학교이기도 했다.

사부학당 입학 자격은 10세에서 15세까지 남자 청소년이며 실력이 뛰어난 사부학당 학생은 성균관 입학 자격을 주었다. 우리 주인공 박 도령이 다니는 학교가 바로 사부학당이다.

사부학당의 정원은 100명이며 다섯 방에 20명씩 편성됐다. 선생님은 6품 벼슬 교수와 7품 이하 훈도를 두었다. 사부학당은 정원 미달, 재정 부족에 더해 운영이 불합리하게 이루어지며 점차 쇠퇴하다가 1894년 갑오개혁 때 폐지되었다.

❺ 지방 고등 교육기관, 서원

서원은 지방에 있는 사립 중고등 교육기관으로 오늘날 사립 고등학교 정도에 해당한다. 향교와 마찬가지로 과거를 준비하는 학교이자 공자나 유학자를 배향하는 곳.

도산서원 전경 ⓒ 문화재청

도산서원 전교당 ⓒ 문화재청

우리나라 최초의 서원은 풍기 군수 주세붕이 세운 백운동서원이다. 서원은 선비 집단인 사림이 학문적 뜻을 함께하는 세력을 모으고, 사림의 정치적 입장을 강화하려는 목적에서 점차 확산되었다. 서원 확산에 이바지한 인물로 퇴계 이황을 들 수 있다. 이황은 안동에 도산서원을 세웠고 도산서원 말고도 서원 설립 운동을 주도했다.

서원 유생은 기본적으로 선비로서의 심신수양에 힘쓰는 한편 최종적으로는 과거급제를 목표로 했다. 향교 교생과 마찬가지로 군역이 면제되다 보니 서원은 군역 기피처인 동시에 붕당정치의 배후가 되는 폐단이 있었다. 이런 이유로 흥선대원군은 40여 개 서원만 남기고 전국의 수백 개 서원을 모조리 폐쇄하기도 했다.

❻ 조선의 국립대학, 성균관

성균관은 조선의 국립대학에 해당한다. 보통은 과거의 예비시험에 합격해야 입학할 수 있지만 성적이 우수한 사부학당 학생도 다닐 수 있다. 과거 시험은 1차 시험인 소과와 2차 시험인 대과로 나뉘며, 소과에는 유교 경전을 테스트하는 생원시와 문장 실력을 평가하는 진사시가 있다. 이 시험에 합격하여 생원이나 진사가 되면 성균관에 입학해 대과를 준비할 수 있는 자격을 얻는다. 성균관은 과거를 준비하는 모든 유생의 꿈의 학교이자 과거 급제를 통해 관직으로 나가 출세할 수 있는 출발점이라고 할 수 있다.

성균관 대성전 은행나무 ⓒ 문화재청

성균관 명륜당 내부 ⓒ 문화재청

3

백정은 사람도
아니란 말이야?

인걸이 사는 북촌 마을에 또 하루가 밝았다. 인걸은 요즘 아버지 명에 따라 사부학당에 나가 공부하며 틈틈이 백성의 일상을 체험하고 있는데, 오늘은 또 어느 곳으로 가서 어떤 체험을 하게 될지.

아침을 일찍 챙겨 먹은 박 도령과 돌쇠가 북촌을 빠져나왔다. 꽃피는 춘삼월이라 집집마다 붉게 핀 매화 꽃잎이 담장을 넘어 방긋방긋 인사를 했다. 북촌을 거의 벗어났을 때 박 도령은 '오늘은 또 무슨 체험일까?' 하는 호기심으로 봉서를 뜯었다.

도성 서쪽 무악산 아래 있는 다림방에 가서
평산을 찾거라

다 읽고 난 박 도령이 고개를 갸웃하는 것으로 봐서 무슨 체험인지 감이 안 오는 모양이다. 돌쇠가 답답하다는 듯 물었다.

"어유 답답해. 뭔데요, 도련님?"

"무악산 아래 다림방에 가라는데, 무악산은 어디며 다림방은 또 무엇이냐?"

"무악산은 무악재 서쪽에 있는 산이고, 다림방은 푸줏간을 이르니 무악산 아래 있는 푸줏간에 가서 백정 체험을……"

돌쇠의 말에 커다란 박도령의 두 눈이 더욱 커졌다.

"뭐라고? 나더러 천민 중의 천민이요, 노비보다 못한 백정 체험을 하라고? 아버님 정말 해도 너무하시는 거 아냐. 어찌 귀하디귀한 자식에게 그렇듯 천하디천한 일을 하라 하시는 게냐. 난 못 한다, 못 해."

박 도령이 고개를 절레절레 흔들며 발걸음을 돌리려 하자 돌쇠가 박 도령의 옷자락을 잡아끌었다.

"왜 이러십니까요 도련님. 지금 맨붕 오신 것 같은데, 진정하세요. 도련님이 안 가시면 제가 주인어른께 꾸지람을 듣습니다요. 그러니 제발……."

"하, 거참. 한데, 맨붕이 무엇이냐?"

"요즘 저잣거리에서 유행하는 말인뎁쇼. 갑자기 심한 정신적 충격을 받아 정신이 맨 붕 뜬 것처럼 절망적일 때 쓰는 말입니다요. 헤헤."

"또, 또 갖다 붙이기는." 박 도령이 돌쇠를 쏘아보았다.

"그럼 이럼 되겠다. 거기 가지 말고 가짜 체험 확인서를 만들어 제출하는 거야. 어떠냐?"

"도련님도 참 답답하십니다요. 확인서에 수결(예전에 증명을 위해 자기 이름 밑에 도장 대신 글자를 써 놓은 것. 오늘날의 사인)도 받아 와야 하는데, 허위 경력서를 바쳤다가 만약에 사실이 들통나면 어쩌시려고요. 그땐 도련님도 죽고 쇤네도 죽습니다요. 어서 가셔요. 혹시 압니까요. 푸줏간에서 일하고 꽃등심이라도 맛볼 수 있을지."

돌쇠의 끈질긴 설득에 박 도령은 못마땅한 표정으로 발걸음을 떼었다.

백정의 원래 뜻은 따로 있었다

광화문 네거리를 지나 돈의문(조선 시대 사대문 중 서대문)을 빠져나온 두 사람은 무악재 방향으로 향했다. 무악재 고갯마루가 멀리 보이고 동쪽으로 인왕산이, 서쪽으로 무악산이 눈에 들어온다. 산은 막 돋아나기 시작한 새 잎사귀로 연한 초록색을 띠었다.

"도련님, 저깁니다요. 저기 왼쪽에 보이는 무악산 아래 백정이 모여 살고 있습니다요."

무악산 아래로 가 보니 과연 초가 몇몇이 옹기종기 모여 있는 조그만 마을이 있었다. 돌쇠가 물어물어 평산이라는 백정네 집을 찾았다. 집은 허름하고 볼품이 없었고, 작업장인 듯한 초막 안에서는 비릿한 냄새가 흘러나왔다. 두 사람의 발소리를 들었는지 안에서 작업하던 사내가 걸어 나왔다. 사내는 머리가 땅에 닿도록 박 도령에게 인사를 했다.

"어이쿠, 도련님. 이런 험한 곳까지……. 대감께서도 안녕하시지요? 소인이 궁중에 쇠고기를 납품할 때 사옹원(조선 시대 궁궐 음식을 관장하던 관서) 부제조로 계시던 대감께서 저를 얼마나 인간적으로 대해 주셨는지, 그 은혜를 지금까지도 잊지 않고 있습니다."

평산인 듯한 사내는 박 도령과 돌쇠에게 누더기 같은 옷을 내주었다.

"피가 튈 수도 있으니 이 작업복으로 갈아입으시지요. 대감께서 도련님께 일을 시키라 하시니 명을 따르긴 하겠으나, 뭐 딱히 할 일은 없습니다. 제가 발골 작업하는 것 좀 거들어 주시고, 오늘 마을에 혼례잔치가 있으니 그 집에 고기를 가져다주고 오시면 됩니다. 이리 오시지요."

박 도령은 도살장에 끌려가는 소처럼 참혹한 표정으로 평산을 따랐다.

박 도령의 마음을 이해 못 할 일은 아니다. 신분 차별이 엄격한 조선에서 백정은 천인 중에서도 가장 천한 취급을 받는 계층이었다. 백정이 하는 일이 가축을 도살하는 일이기 때문이다. 그런데 '백정'이라는 말은 원래 도축하는 사람을 가리키는 용어가 아니었다. 고려 시대와 조선 초까지만 해도 백정은 농사짓는 양민을 가리키는 말이었다. 그런데 왜 백정이 천인 중에서도 가장 천인을 지칭하는 말이 되었을까?

백정은 북방 오랑캐의 후손일까?

구한말 미국 공사관의 서기관 윌리엄 샌즈는 그가 쓴 책에 조선에서 본 백정의 인상을 다음과 같이 기술했다.

"눈동자가 회색, 갈색, 푸른색으로, 머리가 붉고 안색이 좋았으며, 키는 180센티미터가 넘었다. 그들을 처음 보면 혼혈이라 생각하기 쉽다."

중국인, 한국인, 일본인을 잘 구분하지 못하는 서양 사람이 보기에도 백정은 조선인과 사뭇 다른 인상이었나 보다. 왜 그랬을까?

『세종실록』에 따르면, 백정은 그 선조가 오랑캐 종족으로 말을 잘 타고 활을 잘 쏠 뿐만 아니라 천성이 사납고 용맹스러웠다. 역사가들은 백정이 고려 때 각종 전란을 틈타 한반도로 이주해 온 거란, 말갈, 여진 등의 북방 유목민이라고 한다. 이들은 '양수척', '화척'으로 불렸으며, 말을 잘 타고 사냥에 능해 수렵과 도축업을 하며 살았다. 문제는 이들이 한곳에 정착해 살지 않고 이곳저곳 떠돌아다녔다는 점. 그러면서 도둑질을 하거나 강도질을 해서 양민에게 피해를 주는 일이 많았다.

그래서 세종은 화척을 양민으로 만들어 세금을 걷고, 또 이들이 무리를 이루어 나라에 역적이 되지 않도록 양민으로 동화시키는 정책을 폈다. 세종은 백정을 한곳에 머물러 살게 하고, 호적을 만들어 주고,

땅을 주어 농사를 짓게 하고, 평민과의 혼인을 권장했다. 그러면서 화척으로 불리던 이들을 농사짓는 평범한 양민을 지칭하는 '백정'이라 부르게 했다. 그랬더니 농사짓고 살던 본래 백정이 난리가 났다.

"아니, 저런 개돼지나 잡는 천한 화척을 우리와 같은 백정으로 부르라니 도저히 받아들일 수 없다!"

그래서 기존에 백정이라 불리던 양민은 자신들을 '구백정', 도축하는 백정을 '신백정'으로 부르면서 신백정을 몹시 차별하고 멸시했다. 그 차별은 차마 말하기 어려울 정도였다. 백정은 어린아이에게도 허리 숙여 인사를 해야 했고, 돈이 있어도 비단옷을 입어서는 안 되며, 결혼할 때 가마를 타면 안 되고, 죽어서도 상여를 쓸 수 없었다. 이를 어기면 어떻게 되느냐고? 그건 조금 뒤에 보게 될 것이다.

아무튼 백정은 양민과의 동화정책으로 마을에 섞여 살게 되었으나 사람들이 개돼지 보듯 멸시하는 바람에 어우러져 살기 어려웠다. 동화정책이 실패한 건 멸시와 차별 때문만은 아니다. 백정 자신들의 습성 때문이기도 했다. 그들은 사냥하고 고기 잡고 떠돌아다니는 유목민 기질이 있어 한곳에 정착해 농사지으려 하지 않았다. 그래서 무리를 이루어 옮겨 다니는 삶을 살았다. 조선 후기 들어 백정은 더러는 양민과 혼인해 양민 생활에 적응해 살기도 하고, 일부는 지금 박 도령이 체험하고 있는 이곳처럼 도성에서 멀리 떨어진 곳에서 도축업을 하며 살아갔다.

평산은 능숙한 손놀림으로 소를 해체하기 시작했다. 예리한 칼로 가죽을 벗겨 내고, 시뻘건 피가 흐르는 내장을 떼어 내고, 소의 살에서 기름을 떼어 내고, 뼈와 살을 분리했다. 이른바 발골 작업. 박 도령도 칼을 잡고 따라 해 보는데, 영 쉽지 않다. 한두 시간 발골 작업 끝에 소 한 마리가 거의 해체되었다.

"보십시오. 갈비에 붙어 있는 살을 갈빗살이라 하고, 여기는 안심이라 하고, 저기는 등심, 요기는 치맛살, 조기는 살치살, 양지, 사태, 차돌박이……."

박 도령이 평산의 칼 놀림에 넋을 놓고 있는 동안 돌쇠의 입 안에서는 침이 꼴깍꼴깍 넘어가고 있었다. 발골 작업을 마친 평산은 소고기 몇 근을 끊어 돌쇠에게 주었다. 너무나 감격하는 돌쇠에게 평산이 말했다.

"아니, 자네 말고 혼례 잔칫집에 가져다주라고."

돌쇠는 좋다 말았다는 듯 입맛을 다셨다.

고깃덩이를 들고 잔칫집에 도착하자 혼주인 듯한 남자가 고맙다며 잔치도 보고 잔치 음식도 가져가라고 붙잡았다. 집 마당에 혼례청이 꾸려지고, 관복을 입은 신랑과 연지곤지 찍고 수줍게 고개를 숙인 신부가 맞절을 했다. 여기저기서 웃음소리가 터져 나왔다.

"신랑 얼굴이 관옥(대롱 모양의 옥으로, 남자의 아름다운 얼굴을 이르는 말) 같구면."

"신부는 어떻고, 하강한 선녀여, 선녀. 호호호."

입담이 날아다니며 혼례식의 흥겨움이 짙어가던 그때, 갑자기 몽둥이를 든 사람들이 우르르 마당으로 들이닥쳤다.

"백정 주제에 관복을 입어? 이런 같잖은 것을 봤나. 부숴라!"

몰려온 사람들이 몽둥이를 휘두르며 백정의 집을 마구 부수었다.

"백정 놈에게 관복을 빌려준 자가 누구냐?"

그들은 관복을 빌려준 사람을 찾아내 마구 두들겨 팼다. 화기애애하던 잔칫집은 순식간에 초상집 분위기로 바뀌었다. 박 도령이 영문을 몰라 옆에 있는 사람에게 물었다.

"대체 남의 잔칫날에 몰려와서 왜 저러는 것이오?"

"백정은 혼례 때 가마를 타선 안 되고, 말도 타선 안 되며, 관복을 입어서도 안 되지요. 그런데 신랑이 관복을 입고 혼례를 치렀으니……."

허참, 박 도령은 해도 너무한다는 생각이 들었다. 아무리 백정이라지만 백정도 사람인데 인륜지대사인 혼례에 관복 좀 빌려 입었다고 저런 패역을 당하다니. 박 도령은 몰려온 사람들 앞에 나섰다.

"이보시오! 이거 너무하잖소. 남의 잔칫날에 무슨 행패요!"

주동자인 듯한 사내가 몽둥이를 끌며 박 도령 앞에 나섰다.

"넌 뭐야? 오라, 복장을 보아하니 너도 백정 놈의 자식이로구나. 어디 맛 좀 봐라!"

아뿔싸! 박 도령이 작업복을 갈아입지 않고 왔던 것이다. 몽둥이가 박 도령 어깨에 날아왔다.

"으악!"

박 도령이 비명을 지르며 무릎을 꿇었다.

"도련님!"

돌쇠가 박 도령 쪽으로 가다가 말고 몽둥이를 집어 들어 사람들을 향해 휘둘렀다. 그제야 사람들이 뒷걸음쳤다. 돌과 쇠처럼 단단한 돌쇠. 역시 돌쇠는 이름값을 했다. 6척(180센티미터 정도) 장신에, 떡 벌어진 어깨, 어려서부터 농사일로 다져진 억센 팔뚝, 사내다운 용맹함까지, 아직 스무 살도 안 됐지만 청계천 왈패들과 붙어서 져 본 적이 없는 몸이니 장정 네댓 명은 너끈히 당해 낼 만했다.

나중에 알려진 사실인데, 남의 혼례잔치를 개판으로 만든 그 사람들은 관아로 몰려가 관아에 돌을 던졌다고 한다. 관아에서 관복을 입은 백정을 벌하지 않았다고 말이다. 조선에서 백정을 향한 모욕과 멸시가 얼마나 심했는지 알 수 있는 장면이다.

몽둥이찜질을 당하고 집으로 돌아가는 박 도령. 백정 체험을 시킨 아버지가 밉고, 고기 심부름을 시킨 평산이 밉고, 자기를 위기에서 구해줘 고맙긴 하지만 집에 가서 꽃등심 구이 먹을 생각에 얼굴에 화색이 도는 돌쇠가 미웠다. 그중에서 제일 미운 건 백정이 관복 좀 입었다고 남의 잔칫날 몰려와 행패를 부린 인간들이었다.

박 도령은 생각했다. 신분 구별이 엄연하다고는 해도 이건 좀 심하지 않나? 하지만 박 도령은 차별받는 백정에 연민을 느끼나 신분 차별이 잘못된 것이라는 생각은 하지 못했다. 어쩌면 당연한지도 모른다. 500년 동안 그래 왔으니까.

지는 해를 등지고 운종가를 걸으며 박 도령은 연신 욱신거리는 어깨를 매만졌다. 아이고, 내 어깨야! 그런 박 도령 심정은 모른 채 돌쇠는 꽃등심 먹을 생각 때문인지 얼굴에 웃음꽃이 피어났다. 순진한 돌쇠.

조선의 천인

조선에는 두 부류 사람이 있었다. 양인과 천인.

천인 중 '백정'은 흔히 도축업을 하는 사람들을 가리키는 말인데, 꼭 그렇지만은 않았다. 버들가지로 바구니를 만드는 백정은 '고리백정', 가죽신을 만드는 백정을 '갖바치', 사형집행인은 '망나니'라 불렸다. 천인 중에서, 또 여러 백정 중에서도 가장 천한 취급을 받은 천인이 바로 도살업을 하는 백정이었다. 그래서 오늘날에도 "야, 이 인간 백정 같은 놈아!"라고 하면 인간에게 할 수 있는 가장 모욕적인 욕이 된다.

일본의 백정 부라쿠민

조선에 백정이 있다면 일본에는 '부라쿠민'이라는 불가촉천민('접촉할 수 없는 천민'이라는 의미로, 가장 낮은 신분의 사람들을 지칭한다)이 있었다. '부락민'을 뜻하는 부라쿠민은 전근대 일본의 최하위 계층을 뜻하는데, 도심 변두리에 집단으로 부락을 이루며 산 것에서 비롯됐다. 조선의 백정이 갓을 쓰지 못하고 패랭이를 쓰고 띠를 둘러 자기 신분을 밝혀야 했던 것처럼, 일본의 부라쿠민도 신분을 알 수 있도록 머리 모양과 복장을 달리 했고, 신분이 높은 사람을 만나면 절을 해야 했다. 이들은 도축, 분뇨처리, 망나니처럼 남들이 기피하는 일을 하며 살았다. 지금도 도시 변두리에 그 후손이 모여 살고 있다고 한다. 일본의 부라쿠민들은 1923년 그들의 인권 신장을 위해 수평운동을 벌였다. 한국에서도 같은 해 백정들이 형평운동을 벌여 백정 해방운동에 나섰다.

❶ 뭐든 다 할 수 있는 양반

조선은 신분 사회였다. 크게 양반-중인-상민(평민)-천민으로 나뉘었는데, 신분에 따라 가질 수 있는 직업이 정해졌다. 양반은 직업의 포식자라 할 수 있다. 마음만 먹으면 못 할 게 없었다. 그러나 그들의 가장 큰 목표는 과거에 합격해 벼슬을 얻어 출세하는 것이다. 양반이 주로 보는 과거는 문과였다. 간혹 무인을 뽑는 무과에 응시하기도 했지만 열에 아홉은 문과에 합격해 고위 관리가 되는 게 꿈이었다. 선비 중 벼슬을 하는 선비를 '사대부'라고 하는데 조선 양반의 목표는 사대부가 되어 그 특권을 대대로 유지하는 것이었다.

모든 양반이 과거 합격을 통해서만 관리가 되는 건 아니었다. 과거를 보지 않고 관리가 되는 제도가 있었다. 음서와 천거다. 음서는 2품 이상 고위 관리 자손에게 관직을 주는 제도다. 천거는 추천 제도다. 학식이 뛰어나고 인품이 훌륭한 양반을 추천해 벼슬을 주는 것으로, 정3품에 이르는 꽤 높은 관직까지 오를 수 있었다. 동래 관아 노비 출신 장영실이 종3품 벼슬에까지 오른 건 이런 천거 제도가 있었기에 가능했다. 음서나 천거를 통해 관리가 된 사람은 과거에 합격해 관리가 되지 못한 것에 대한 열등의식이 있었다.

문관 초상
ⓒ 국립중앙박물관

무관 김재하 초상
ⓒ 국립중앙박물관

❷ 조선의 전문 기술직, 중인

중인은 양반과 상민 사이에 있는 신분이다. 중인은 주로 전문 기술직인 잡과에 합격해 직업을 갖는데, 잡과에는 통역사를 뽑는 역과, 의원을 뽑는 의과, 천문 지리 관리를 뽑는 음양과, 법률 서비스를 제공하는 율과 등이 있었다. 이들 중인은 집안 대대로 전문직을 이어 오며 세습하는 경향이 있었다. 기술을 천시하는 조선에서 중인은 양반에 비해 낮은 대우를 받았으나 일반 관직에 비해 훨씬 중요한 역할을 담당하는 사람들이었다. 중인은 오늘날 의사, 통역사, 변호사 등 전문직 종사자들로 부와 명예를 동시에 지니게 되었으니 세상이 180도 달라졌다고 할 수 있다.

중인 가운데 독특한 위치에 있는 사람들이 있었다. '서얼'이라는 사람들이었다. 서얼은 '서자와 얼자'를 합한 말로 양반 남자와 양인 여자 사이에 태어난 사람을 서자, 양반 남자와 노비 사이에 태어난 사람을 얼자라 불렀다. 서얼은 신분이 좀 애매했다. 양반이지만 양반이 아니고 천인의 피가 섞여 있지만 그렇다고 천인은 아니었다. 이들은 제아무리 똑똑해도 과거시험에서 문과에 응시할 수 없었다. 이들은 중인처럼 잡과나 무인을 뽑는 무과에만 응시할 자격이 주어졌다. 간혹 관리가 되더라도 관직에 오르는 한계가 있었다. 한정된 관직을 나눠 가지지 않으려는 양반들 때문에 이런 현상이 생겼기에, 조선에서 서얼은 갖은 설움을 당했다. 아버지를 아버지라 부르지 못했던 홍길동이 바로 서얼 출신이다. 양반도 되지 못하고 그렇다고 평민도 아닌 서얼은 점차 중인 그룹으로 편입되었다.

청나라 화가 나빙(羅聘)이 그린 마흔 살 전후 박제가의 초상화. 서자 출신 박제가는 답답하고 폐쇄적이며 가난한 당대 조선의 개혁이 시급함을 주장했다.

❸ 상민, 과거는 볼 수 있었지만……

양인 중에서 농민은 양반 다음으로 존중을 받았고 상인은 천한 취급을 당했다. 상민인 이들은 마음먹으면 과거도 볼 수 있지만 그건 어디까지나 그림의 떡이었다. 대부분 농부의 자식은 농부, 상인의 자식은 상인, 수공업자의 자식은 수공업자가 되었다.

그렇다고 상민에게 직업의 자유가 없었던 건 아니다. 예를 들면 봉수를 관리하는 봉수간, 나라의 배를 조종하는 조졸, 소금을 만드는 염간 등은 상민이지만 자기 맘대로 직업을 가진 사람들이었다. 그런데 그 일이 너무 힘들어 점차 하려는 상민이 없자 나라에서는 죄를 지은 죄수에게 그 일을 맡겼다. 신분은 양인이지만 천역에 종사하는 이들을 '신량역천'이라고 부른다.

❹ 조선의 최하 직업군, 천인

천민은 신량역천보다 더 낮은 취급을 당했다. 조선에서는 여덟 가지 직업의 사람들을 '팔천'이라 부르며 멸시했다. 팔천이란 노비, 광대, 기생, 백정, 종이나 그릇 만드는 공장, 승려, 상여꾼 등이다. 팔천 가운데 노비는 가장 낮은 취급을 받는 신분이었다. 그들에게는 거주, 직업, 혼인 등의 자유가 없었다. 소나 말처럼 사고팔 수 있었고, 신분이 세습되었다. 즉 아버지나 어머니가 노비면 태어난 자식도 노비가 되는 것이다. 노비 신분이 세습되지 않는 중국과 사뭇 달랐다.

노비는 크게 사노비와 공노비로 나뉜다. 사노비는 양반댁에 속한 노비이고, 공노비는 국가나 관청에 속한 노비다. 사노비는 양반집에서 같이 살며 집안일을 하는 솔거 노비와 양반댁과 떨어져 살며 양반댁 농사를 짓는 외거 노비로 나뉜다. 한때 조선에서 노비가 전체 인구의 5할이 된 적도 있다고 하니 조선에서 노비가 차지하는 비중이 얼마나 큰지 짐작할 수 있다.

흔히 농부라고 알고 있는 많은 사람이 실은 양반댁 농사를 짓던 외거 노비였을 것으로 추정된다. 조선의 신분제는 1894년 갑오개혁 때 폐지되었다.

노비매매명문 ⓒ 국립중앙박물관

양반	중인(서얼 포함)	상민(평민)	천민
문관, 무관 기타 되고 싶은 것 모두	의관, 역관 등 전문 기술직, 하급 관리	농민, 수공업자, 상인	노비, 광대, 백정, 기생, 승려 등

김홍도 〈대장간〉, 『단원풍속도첩』 중에서
ⓒ 국립중앙박물관

김홍도 〈편자박기〉, 『단원풍속도첩』 중에서
ⓒ 국립중앙박물관

4

임금 시해
음모를 제압하라

아침이 밝자 인걸은 사랑채로 가 아버지께 문안 인사를 올렸다.

"아버님, 기체후일향만강하신지요?"

"오냐. 일전에 무악재에서 봉변을 당했다고?"

박 진사가 백정 혼례잔치에서 인걸이 봉변당한 걸 안 모양이다.

"몽둥이찜질을 좀 당하였는데, 지금은 괜찮습니다."

박 진사는 어린 줄만 알았던 막내아들이 장하기도 하고 애처롭기도 한지 아들의 얼굴을 그윽이 바라보았다.

"그렇다니 다행이구나. 그래, 느낀 바가 있더냐?"

"아무리 천인이라고 하나 백정도 다 같은 사람인데, 혼롓날 그런 행패를 당한 것은 부당하다 생각됩니다."

박 진사는 얼굴에 미소를 띤 채 말없이 봉서를 건넸다.

"모쪼록 몸 상하지 않게 조심하거라."

"이번엔 또 무슨 체험인지요?"

"안 가르쳐 준다."

헐. 어이가 없었다. 그냥 알려 주셔도 될 텐데.

"인걸아, 봉서의 의미를 아느냐?"

"네, 아버님. 소자의 학당에 과거 급제한 선배 유생이 찾아와 경험담을 들려주곤 합니다. 대게 논어·맹자·대학 등 교과서 위주로 공부했다, 공부가 제일 쉬웠다, 이런 이야기를 들려주는데 한번은 암행어사가 된 선배가 와서 임금이 내린 봉서를 뜯어보던 일을 이야기한 적이 있습니다."

박 진사는 인걸의 말을 잠자코 듣고 있었다. 그러다가 "그럼 됐다." 하고 말했다.

박 도령은 임금님 놀이를 즐기는 듯한 박 진사가 너무 우스워 말없이 봉서를 받아 들고 사랑채를 나섰다.

돌쇠와 함께 북촌 마을을 빠져나와 봉서를 뜯어보았다.

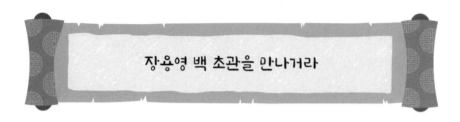

장용영 백 초관을 만나거라

'장용영 백 초관?'

박 도령이 고개를 갸웃하며 혼잣말을 내뱉자, 돌쇠가 곧바로 아는 체를 했다.

"장용영이라면 궁궐 수비를 맡은 임금님의 호위 부대고, 백 초관이라면 조선 제일 검으로 알려진 분이니, 그분을 만나 군역 체험을 하라는 분부 같습니다요."

"하, 돌쇠 넌 참 아는 것도 많구나. 어찌 그리 나보다 세상 물정을 더 잘 아느냐?"

"서당 개 삼 년이면 풍월을 읊는다고 하지 않습니까요. 도련님 따라 체험 세 번 다녔더니 이젠 척 보면 알겠습니다요. 헤헤."

박 도령은 그런 돌쇠의 너스레가 싫지 않아 하하, 웃음을 터뜨렸다.

16세~60세 양인 남자면
누구나 져야 하는 군역

궁궐 앞에 도착한 박 도령이 수문장에게 장용영 백 초관 나리를 만나러 왔다고 하자, 수문장은 기다렸다는 듯 책 한 권을 내밀었다.

"백 대장께서 갑자기 무과시험 감독을 하게 되어 훈련원에 가셨다. 돌아올 때까지 이것을 보고 익히라고 하시면서……."

박 도령이 책을 받아 들었다.

"『무예도보통지』?"

박 도령과 돌쇠는 장용영 군영으로 안내되어 군복으로 갈아입은 다음 창과 칼을 하나씩 받아 들고 훈련장으로 갔다. 받은 책을 펼쳐 보니 권법, 검술, 창술, 활쏘기, 말타기 등 무예를 익히는 방법이 그림과 함께 설명되어 있었다. 『무예도보통지』는 정조의 명으로 이덕무, 박제가, 백동수 세 사람이 편찬한 무예 훈련 책이었다.

병장기를 쥐여 주자 돌쇠는 마치 물 만난 고기처럼 펄펄 날아다녔다. 진짜 장용영 군사라 해도 믿을 정도로. 두 사람을 안내한 교관이 박 도령에게 조선 군대의 기본적인 사항을 설명해 주었다. 들어 보니 대략 이런 내용이었다.

조선은 양인 개병제였다. 양인 남자라면 누구나 의무적으로 군대에 가야 한다는 말이다. 노비 같은 천인은 군역을 지지 않는다. 양인 가운데서도 정2품 이상의 관리를 지낸 전직 관리나 현직 관리, 과거를 준비하는 유생은 군역을 면제받았다. 물건을 만드는 공인, 장사하는 상인도 제외됐다. 양반이라고 빠지고 노비라고 빠지고 장사한다고 빠지니 군대에 가는 건 힘없는 농민뿐이었다.

　대한민국 군인은 나라에서 먹여 주고, 재워 주고, 무기도 주지만, 조선에서는 군복, 식량, 무기를 본인이 직접 준비해야 했다. 그래서 직접 군역을 지는 정군을 뒤에서 경제적으로 도와 주는 보인 제도를 두었다.

　복무 기간은 어땠을까? 조선은 16세부터 60세까지 무려 44년 동안 군역을 졌다. 44년 동안 계속 군 생활을 하는 건 아니고 매년 두 달에서 여섯 달 정도 군영에 가서 훈련을 받고 토목 공사에 동원되거나 국경 수비를 담당했다.

　한 번 갔다 오는 것으로 끝나지 않고 매년 군역을 져야 했던 조선 양인들은 무척 괴로웠다. 그래서 군대에서 도망치거나 어떻게든 군역을 지지 않으려고 애를 쓰는 이들이 많았다. 그 과정에서 생겨난 것이 대신 군역을 질 사람을 사는 대립군과 군대에 가지 않는 대신 포를 바치는 방군수포다.

　군역을 면제받는 대신 일 년에 군포 2필을 납부해야 함에 따라 농민 부담이 늘어나자 영조 때 군포를 1필로 줄이는 균역법을 시행했다. 이리 빠지고 저리 빠지니 군적에 등록된 병사는 많지만 실제 군 복무를 하는 병사는 훨씬 적었다. 그 때문에 임진왜란 초기 관군이 일본군에 참패당하기도 했다.

　조선의 군대 체제는 어땠을까? 중앙군과 지방군으로 나뉘었다. 조선 초기 중앙군은 5위 체제였고, 후기에는 5군영으로 이름이 바뀌었다. 훈련도감, 어영청, 총융청, 수어청, 내금위가 바로 수도 방위를 맡은 5군영이다. 이 가운데 훈련도감은 임진왜란 때 직업군인으로 창설한 군대였다. 특이한 점은 정조 때 중앙군에 국왕 친위부대인 장용영이 창설되었다는 사실이다. 바로 지금 박 도령이 군역 체험을 하는 그 군영이다.

지방에는 어떤 군대가 있었을까? 조선 초기에는 지방의 군사 요충지에 영과 진을 두었는데, 이를 영진군이라고 한다. 그러다가 임진왜란 때 일본군에게 무참히 깨어진 뒤 지방에 양반·상민·노비를 모두 섞어 만든 속오군을 창설했다. 속오군은 평시에는 농사짓고 전시에는 군인이 되는, 오늘날의 예비군 같은 군대였다. 조선은 지방군을 중심으로 전시 방어 체제를 구축했다.

그날 밤 궁궐에서 벌어진 일

박 도령이 조선 군대 체제에 대한 설명을 듣는 동안 돌쇠는 책장을 넘겨 가며 검술과 창술을 익히고 있었다.

'군대에 가지 않아도 되는 노비가 대체 왜 저리 열심이람?'

박 도령은 돌쇠를 이해할 수 없었다. 하지만 용맹한 돌쇠 덕에 백정 잔칫집에서 살아났으니 그저 고마울 따름이다. 아무튼 이러구러 시간을 보내다 보니 어느새 해가 저물었다. 박 도령은 속으로 '하, 오늘 일상 체험은 날로 먹는구나.' 하고 생각했다.

그런데 그때 출입구 쪽에서 "대장! 오셨습니까?" 하는 외침이 들려왔다. 박 도령이 소리 나는 쪽을 보니 풍채가 당당하고 기상이 늠름해 보이는 무사가 서 있었다. 오라, 저 장수가 조선 제일 검이라는 백 초관이로구나!

박 도령은 백 초관에게 고개를 숙여 절했다.

"대장님을 기다리는 동안 군대에 관한 설명 잘 듣고 무술 체험도 마쳤습니다. 여기 체험 확인서에 수결만 해 주시면 집에 가 볼까 합니다."

인걸의 말을 들은 백 초관은 껄껄 웃었다.

"가긴 어딜 간다는 게냐. 내가 왔으니 지금부터 시작이다. 조선 최강 부대 장용영에 온 걸 환영한다."

"네?"

박 도령 얼굴은 울상이 되었고, 돌쇠는 잘 되었다는 듯 싱글벙글.

저녁을 먹은 두 사람은 장용영 군사들과 내일 새벽 파루를 칠 때까지 궁궐 주위를 돌며 수색을 맡게 되었다. 새벽까지 집에 가지 못한다는 생각에 박 도령은 한숨이 절로 나왔다.

시간이 얼마나 지났을까? 궁궐 주위를 돌며 순찰하고 있을 때였다. 궁궐 북쪽 숲이 있는 곳에 이르자 담 아래 그림자 둘이 보였다. 박 도령과 돌쇠가 걸음을 멈추고 두 사람을 지켜보았다. 수군거리는 소리를 귀 기울여 들어 보니, 축시(새벽 1시에서 3시 사이 시간)에 궁궐에 침입해 지존을 참한다는 내용이었다! 지존이라면 주상 전하?

너무 놀란 나머지 박 도령은 딸꾹, 소리를 냈다. 그러자 두 그림자가 이쪽을 향해 잽싸게 달려왔다. 돌쇠가 낮고 빠른 소리로 말했다.

"도련님, 어서 가서 알리세요. 여긴 제가 맡을 테니."

박 도령은 숨어서 돌쇠와 두 그림자가 결투를 벌이는 모양을 지켜보았다. 어둠 속에서 칼과 창이 부딪치는 소리가 들리더니 비명이 터져 나왔다. 두 그림자는 주위를 둘러보더니 아무도 없는 것을 확인하고 쓰러진 돌쇠를 끌고 어둠 속으로 사라졌다. 쿵쾅거리는 심장을 억누르며 숨어 있던 박 도령은 군영을 향해 내달렸다.

"대장님! 방금 이러저러해서 이러저러한 일이 벌어졌습니다. 헉헉."

"무어라?"

달빛을 받은 백 초관의 눈빛이 예리하게 빛났다.

마침내 축시가 되자 검은 복장을 한 무리가 북쪽 담장을 넘어 임금의 침소로 잠입했다. 침전과 맞은편 전각 지붕, 그리고 담장 안에 잠복하고 있던 장용영 군사들이 일제히 침입자들을 에워쌌다. 화살이 날아들고 창칼이 부딪치며 한판 결투가 벌어졌다. 박 도령은 넋을 잃고 바람처럼 빠른 백 초관의 검술을 지켜보았다. 마침내 침입자들이 모두 쓰러졌다.

상황이 정리되자 임금이 모습을 드러냈다.

"오늘 나를 해할 목적으로 침입한 반역 무리를 제압한 데는 장용영 백 초관 부대의 공이 크다. 그 공을 인정하여 상을 내릴 것이다."

백 초관이 고개를 숙인 채 말했다.

"성은이 망극하옵니다, 전하. 하오나 오늘의 일등 공신은 따로 있습니다."

"따로 있다니?"

백 초관이 고개를 돌려 박 도령을 쳐다보았다.

"실은 여기 있는 인걸이 반역 모의 사실을 신에게 알려 주어 일망타진할 수 있었습니다."

"그런 일이……."

임금이 박 도령을 가까이 불렀다. 박 도령의 얼굴을 본 임금은 깜짝 놀랐다.

"아니, 니가 왜 거기서 나오느냐?"

기억력도 좋으시지, 지난번 성균관에서 백지 답안지를 낸 인걸을 기억하시나 보다. 박 도령은 뭐라 답하기 어려워 고개만 숙이고 있었다. 바로 그때 군사들이 다친 돌쇠를 부축해 돌아왔다.

"돌쇠야!"

박 도령 눈에 눈물이 글썽거렸다. 박 도령이 임금에게 아뢰었다.

"실은 돌쇠가 반역자와 싸우는 동안 제가 군영에 알린 것입니다. 그러니 공은 돌쇠가 더 크다고 할 수 있습니다."

사정을 모두 파악한 임금은 박 도령과 돌쇠를 대견한 듯 바라보았다.

"어린 나이에 참으로 장하도다. 나를 구한 것은 나라를 구한 것이니 내 너희에게 큰 상을 내릴 것이다. 집에 돌아가 있거라."

박 도령은 임금이 무슨 상을 내리실지 몰라 연신 고개를 갸웃갸웃, 돌쇠는 칼에 맞은 상처도 잊은 채 싱글벙글거리며 집으로 돌아갔다.

"근데 어떻게 그곳에서 빠져나왔어?"

박 도령이 물었다.

"그놈들이 저를 끌고 가더니 어느 광에 가둬뒀습지요. 여기서 죽는구나 싶었는데 장용영 군사들이 놈들 본거지에 들이닥쳐 저를 구해 주었습니다."

인걸은 자기가 딸꾹질한 것 때문에 돌쇠가 하마터면 죽지나 않을까 마음 졸이던 생각을 하며 가슴을 쓸어내렸다. 어두운 밤하늘의 새벽별이 두 사람을 보며 반짝거렸다.

정조의 친위대, 조선 최강 장용영

장용영은 정조 때 창설된 국왕 호위, 궁궐 수비, 수도 방어 임무를 맡은 부대. 정조는 즉위 후 암살 위협에 시달렸다. 즉위 1년 뒤 침전인 존현각 지붕에 자객이 침입해 정조를 암살하려 할 정도였다. 정조의 아버지 사도세자를 죽음에 이르게 한 노론 세력이 정조가 임금이 되자 복수할까 두려워 정조를 제거하려 한 것이다. 그래서 정조는 자신을 지켜 줄 친위부대가 필요했다.

정조는 무과를 거쳐 선발한 무사 30명을 기반으로 친위대인 장용위를 설치하고 차츰 선발 인원을 늘려 장용영이라는 부대로 발전시켰다. 장용영은 1만 8천 명에 이르는 대규모 부대로 발전했는데, 정조는 장용영을 강화함으로써 군권을 쥔 노론의 힘을 약화시켰다. 정조는 규장각을 통해 개혁정치와 문예부흥을 이룬 것처럼, 장용영을 통해 왕권과 국방력 강화를 이루어 냈다.

조선의 군사 방위 체제

조선 전기 방어 체제는 진관체제였다. 진관체제란 각 지방에 진을 설치하고 고을 수령이 자기 지역을 방어하는 체제. 이 체제는 소규모 외적 침입을 막는 데는 유리했지만 대규모 침입을 막기에는 역부족이었다. 그래서 임진왜란 전에 제승방략제로 바꿨다. '제승방략'이란 군사 요충지에 인근 지역의 병사를 총동원해 방어하는 체제였다. 문제는 병사가 모이는 데 많은 시간이 소요되고 중앙에서 파견된 지휘관을 기다려야 한다는 점이었다. 실제로 제승방략 체제하에서 임진왜란 초기에 빠르게 밀고 올라오는 일본군에 속수무책으로 패한 적이 있다. 그래서 조선 후기에 다시 진관체제로 복귀하면서, 평시에는 생업에 종사하고 유사시 언제든 군사를 동원할 수 있는 속오군을 창설해 지방 방어 체제를 보완했다.

❶ 조선을 구한 신무기

조선을 심각한 위기에 빠뜨린 것도 신무기였고 조선을 구한 것도 신무기였다.

임진왜란 초 조선군은 일본군 공세에 처참히 무너졌다. 그 원인 가운데 하나가 일본의 신무기 조총이었다. 일본군은 포르투갈에서 전수한 조총을 개량해 조선 침략에 나섰다. 조선군은 조총의 가공할 발사 소리에 기겁해 북으로 쭉쭉 후퇴했다. 그런데 그런 일본군을 무찌른 것 또한 조선의 신무기였다.

조선의 대표적인 무기로 화포를 들 수 있다. 화포는 화약으로 발사하는 대포다. 조선 대포에는 천자총통, 지자총통, 현자총통 등이 있었다. 조선군은 이 화포를 거북선과 판옥선에 장착하고 일본 함선을 향해 발사했다. 상대적으로 화포가 약했던 일본 수군은 바다 위 탱크처럼 거북선을 밀고 들어와 화포를 펑펑 쏘아 대는 조선군에 연전연패했다. 이순신이 일본 함선 66척을 격파해 최대 승리를 이끈 한산대첩과 열 배가 넘는 일본 함선을 물리친 명량해전의 승리도 이들 화포 덕분이라 할 수 있다.

현자총통 ⓒ 국립중앙박물관

❷ 귀신 같은 화살, 신기전

해전에 화포가 있다면 육지전에서는 신기전이 있었다. 신기전이란 귀신 신(神), 기계 기(機), 화살 전(箭), 즉 귀신 같은 기계 화살이란 뜻이다. 일반 화살은 활에 화살 하나를 장전해 손으로 발사하지만 신기전은 다연발 자동 발사 화살이라 할 수 있다. 화약을 터뜨려 화살을 발사하면 신기전이 불을 뿜으며 적을 향해 날아간다. 최대 거리가 400미터에 이르고 유효 사거리는 150미터나 된다. 오늘날 신기전을 복원해 발사 실험을 한 결과 신기전이 쇠로 만든 철판을 뚫을 정도로 위력이 강력했음을 확인했다.

신기전이 임진왜란에서 맹활약한 건 이동 발사대인 화차 덕분이었다. 수레로 만든 화차에 신기전을 100~200발 장전할 수 있는데 불을 붙여 화약이 터지면서 동시에 수백 발 신기전이 한꺼번에 발사되면 그야말로 불화살이 비처럼 쏟아진다. 김시민이 이끄는 진주대첩에서 열 배가 넘는 일본군을 상대로 싸워 이긴 데는 이 신기전의 활약이 대단히 컸다. 신기전은 세종 때 박강이 만들었다고 전해진다.

신기전

❸ 개인 화기 승자총통과 시한폭탄 비격진천뢰

신기전과 함께 조선군의 자랑으로 승자총통을 꼽을 수 있다. 승자총통은 다른 총통처럼 대포가 아니라 휴대용 개인 화기, 즉 오늘날 소총에 해당한다. 승자총통의 탄환은 작은 쇠구슬이었다. 이 쇠구슬 10여 발을 장전해 발사하면 목표물에 퍼져 나가 살상력을 높인다. 선조 때 김지가 제작한 것으로 알려진 승자총통의 발사 거리는 700미터 정도로 신기전보다 두 배가까이 멀고 유효 사거리는 150미터 정도였다. 승자총통의 최대 장점은 개인이 휴대하고 다니며 쏠 수 있는 것 외에 신기전처럼 화차에 장착해 다연발 발사가 가능했다는 점이다.

승자총통의 위력은 임진왜란 당시 행주대첩에서 유감없이 발휘되었다. 그때 일본군은 3만 명, 조선군은 일본군의 십분의 일 정도였다. 그런데도 조선군은 승자총통을 활용해 일본군 1만 명을 사살하고 물리쳤다.

일본군을 당황하게 만든 또 하나의 최첨단 무기는 비격진천뢰다. 하늘의 우레처럼 강한 소리를 내며 터지는 폭탄이라는 뜻의 이 무기는 무쇠로 만든 둥근 박 안에 철 조각을 채우고 심지에 불을 붙여 날려 보내는 폭탄이었다. 적진에 떨어진 비격진천뢰는 둥근 박이 터지면서 그 안에 있는 철 조각이 사방으로 발사된다. 오늘날 수류탄의 위력에 해당하는 강력한 무기였다. 무게가 20킬로그램에 달하는 비격진천뢰는 대포에 실어 적진에 날려 보냈다. 비격진천뢰는 임진왜란 당시 경주성 탈환 때 맹활약한 조선의 신무기로 선조 때 이장손이 개발한 것으로 전해진다.

승자총통 ⓒ 국립중앙박물관

비격진천뢰 ⓒ 국립진주박물관

임진왜란 초 조선군이 참패한 가장 큰 이유는 병력 부족에 있다. 등록된 군사는 15만 명 가까이 되었으나 실제로 몇만 명 되지 않았다. 왜 그랬을까. 군적에 등록만 돼 있지 실제 싸울 군사는 없었기 때문이다. 조선은 그럴 수밖에 없는 군역 제도를 유지했다. 조선은 16세에서 60세에 이르는 양인 남자라면 누구나 군역을 져야 했다. 그러나 양반은 과거 준비한다, 관직 생활한다 하며 군대에 가지 않았다. 노비도 면제였다. 그 때문에 군역은 대부분 소 키우고 농사짓는 농민이 부담해야 했다.

그러니 농민들 부담이 이만저만 아니었다. 그래서 조선 초 군대 가는 대신 군포를 바치고 군에 가지 않는 방군수포제가 성행했다. 또 다른 병역 회피 방법으로 대립이 있었다. 대립은 돈을 주고 자기 대신 군대 갈 사람을 사서 군대에 보내는 것. 이렇게 이런저런 방법으로 군대에 갈 사람이 줄어드니 군적에 있는 군사가 실제 존재하지 않는 경우가 허다했다. 양반은 군대도 가지 않고 군포도 내지 않는 이중 혜택을 받았다.

영조는 백성이 군포 때문에 고통이 크다는 점을 알고 있었다. 그래서 세금으로 내는 군포를 두 필에서 한 필로 줄여 주었다. 그만큼 농민 부담이 줄어들었다. 이것이 바로 균역법이다. 그러나 균역법 역시 여전히 양반에게는 해당하지 않았다. 흥선대원군은 양반도 군포를 내는 호포법을 실시했으나 그가 실각한 이후 흐지부지되었다. 이렇듯 양반들은 군대도 가지 않으려 하고 군포도 내지 않으려고 했다. 조선의 군사력과 국방력은 약해질 수밖에 없었고, 결국 일제가 조선을 집어삼킬 때 제대로 전쟁 한 번 치르지 못하고 나라를 빼앗기고 말았다.

5

친환경 농법을
고안한 박 도령

農者天下之大本

군역 체험에서 큰 공을 세운 박 도령과 돌쇠의 일상에 작은 변화가 생겼다. 임금이 내린 상 덕분이다. 임금은 인걸에게 성균관에 입학할 수 있는 자격을 주었고, 돌쇠는 노비 신분에서 면천시켜 주었다.

박 도령에게 성균관 입학 자격이 주어진 건 특혜이긴 하나 과거시험을 면제하여 음서로 관직을 준 게 아니니 그리 큰 특혜라 할 순 없었다. 인걸은 나이가 어리다고 하여 기숙 생활을 하지는 않고 성균관에 통학하며 과거를 준비하게 되었다. 실은 인걸이 성균관에서 기숙 생활하는 게 싫어 스스로 거부한 것이지만.

이런 박 도령에 비하여 돌쇠에게 내린 상은 그야말로 큰 것이었다. 노비가 노비 신분에서 벗어나는 일은 백 년에 한 번 있을까 말까 한 일이었다. 임진왜란 때 전공을 세워 면천한 노비도 있었지만 평시에 면천하는 일은 극히 드물었다. 노비는 태어날 때부터 죽을 때까지 노비였다. 그건 사람의 능력과 재능을 완전히 무시한 제도로, 조선은 그처럼 철저한 신분사회였다. 그런 조선에서 노비 신분에서 벗어났으니 이 얼마나 대단한 일인가.

돌쇠와 돌쇠네를 면천해 준 박 진사는 돌쇠 모자에게 땅 몇 마지기를 떼어 주고 나가 살게 하려 했으나 돌쇠네가 지금 이대로가 좋다고 하여 계속 살 수 있게 해 주었다. 대신 돌쇠를 훈련원에 보내 무과시험을 준비할 수 있도록 배려했다. 돌쇠로서는 하루아침에 신데렐라가 된 격이었다.

이른 아침 박 진사가 사랑채로 인걸과 돌쇠를 불렀다. 박 진사가 돌쇠도 함께 부른 건 돌쇠가 면천되어서 이제 어엿한 양인으로 대접해 준 것이다. 박 진사가 둘을 보며 말했다.

"엊그제 주상 전하께서 규장각에 친히 납시어 이 아비를 크게 칭찬하셨다. 너희 둘이 나라를 구했다고 말이다. 이게 다 누구 덕분이라 생각하느냐?"

"역도에 맞서 용감히 싸운 돌쇠 덕이 아닐까 합니다."

인걸이 돌쇠를 쳐다보며 말했다. 박 진사가 껄껄 웃었다.

"허허. 틀렸다. 너희에게 일상 체험을 시킨 이 아비 덕이니라."

헐. 박 도령과 돌쇠는 눈을 맞추며 어이없어했지만, 지엄하신 대감 앞이기도 하고 아주 틀린 말도 아니어서 네, 지당하신 말씀입니다, 하고 인정해 드리는 척했다. 박 진사는 한 번 더 껄껄 웃고 나서 봉서를 내밀었다.

봉서를 들고 물러 나온 두 사람은 행장을 꾸려 집을 나섰다. 북촌을 빠져나와 봉서를 뜯어보니 '두물머리 천 서방'이라고 짧게 적혀 있었다. 이번에도 박 도령이 뜻을 몰라 고개를 갸웃하자, 돌쇠가 아는 체했다.

"아무래도 이건 두물머리 천 서방네 가서 농사 체험을 하라는 분부 같습니다요."

박 도령은 "돌쇠, 넌 정말 아는 것도……" 하다가 말을 끊었다.

"아니지, 이제 돌쇠라고 하면 안 되지. 우리 집 노비도 아니고 나이도 나보다 세 살 많으니까. 이제 나한테 도련님이라고 부르지 마."

그 말을 들은 돌쇠는 펄쩍 뛴다.

"쇤네가 홍길동도 아니고, 도련님을 도련님이라 부르지 못하다니요. 제 신세가 한스럽습니다요. 흑흑."

돌쇠가 우는 시늉을 하며 너스레를 떨자 그 모습이 싫지 않은 박 도령은 하하 웃었다.

두 사람은 서둘러 마포나루로 향했다. 마포나루에서 황포돛배를 타고 양평으로 갈 생각이었다. 누런빛 돛을 올린 배가 기적을 울리며, 아차, 조선 시대엔 기선이 없었지, 끼익끼익 노 젓는 소리를 내며 마포나루를 떠났다. 한강을 빠져나가자 강 북쪽 언덕에 개나리가 샛노랗게 꽃무덤을 이루고 반대편 강 남쪽 언덕에는 한명회가 지었다는 압구정이 보이고, 이어 넓은 뽕나무밭이 펼쳐졌다. 박 도령은 배를 타고 시원한 봄바람을 맞으며 한강을 유람하는 동안 대동강 뱃놀이 즐기는 평안감사 부럽지 않군, 하고 속으로 생각했다.

해 뜨기 전부터 해 질 때까지 들로 산으로

해 질 무렵 두물머리 천 서방네 집에 도착하자 천 서방 내외가 박 도령과 돌쇠를 반갑게 맞아 주었다.

"도련님, 먼 길 오시느라 고생 많으셨습니다. 저녁 드시고 일찍 주무세요. 내일 모내기를 하는 날이라 아침 일찍 일어나셔야 합니다."

박 도령과 돌쇠는 저녁을 먹고 조금 쉬다가 잠자리에 들었다. 유람하듯 왔다고는 하나 멀리 온 탓에 조금 피곤했던 모양이다.

맛나게 자고 있는데 돌쇠가 박 도령을 깨웠다. 문을 열고 밖을 보니 아직 해가 뜨기 전이었다. 편한 옷으로 갈아입은 박 도령은 돌쇠와 함께 천 서방을 따라나섰다. 마을 한가운데 있는 정자나무에 이르자 벌써 도착한 사람들의 모습이 보였다. 마을 주민 십여 명이 모이자 어디선가 '농자천하지대본(農者天下之大本)'이란 글자가 쓰인 깃발을 앞세우고 꽹

꽹과리와 북, 장구를 치며 풍물패가 다가왔다.

"이제 가세."

무리 중 나이가 많아 보이는 농부의 말이 떨어지자 풍물패가 앞서고 그 뒤를 농부들이 덩실덩실 춤을 추며 따라갔다.

30분쯤 걸으니 천 서방네 논이 나왔다. 해 뜰 무렵 논에 도착한 농부들은 풍물에 맞춰 또 한 번 춤을 추고 나서 바지를 걷어붙이고 논으로 들어갔다. 논은 서너 마지기(논과 밭의 넓이를 나타내는 면적 단위) 정도로 보였다.

논 양 끝에 줄을 잡은 농부가 서고 줄을 따라 십여 명이 열을 맞춰 섰다. 박 도령과 인걸도 농부들 사이에 끼어들었다. 천 서방이 불안한지 박 도령에게 시범을 보였다.

"도련님, 이렇게 모를 서너 포기씩 잡고 논에 폭 심으시면 됩니다. 별로 어려울 게 없지요."

열을 맞춰 선 농부들이 허리를 숙여 모를 심었다. 농사에 이골이 난 돌쇠는 신이 나서 모를 심는데, 박 도령이 심은 모는 너무 낮게 심겨 물 위로 떠 오르거나 너무 깊게 심겨 물에 잠기기 일쑤였다. 핀잔을 들어가며 그럭저럭 두어 시간 모내기를 하노라니 허리가 끊어질 듯 아파왔다. 그때 농부 하나가 허리를 폈다.

"오전 참 먹고들 하세."

박 도령이 논둑 끝을 보니 천 서방댁이 광주리에 오전 참을 이고 오는 게 보였다. 어이쿠, 살았다!

모내기는 우리가 매일 먹는 쌀을 생산하기 위한 첫 작업이다. 모내기를 위해서는 먼저 흙이 담긴 모판에 볍씨를 뿌려 싹을 틔운다. 싹이 자라 모가 손바닥만 한 크기가 되면 모를 논에 옮겨 심는데, 이런 농사법을 '모내기' 또는 '이앙법'이라 부른다. 이앙법은 조선 초까지만 해도 별로 보급되지 않았으나 조선 후기에 이르러서는 경기도 이남으로 널리 퍼졌다.

뻐꾹, 뻐꾹. 앞산 뻐꾸기 울음소리를 들으며 박 도령은 오전 참을 먹었다. 세상에, 이렇게 맛난 밥은 태어나서 처음이었다. 힘들게 일한 덕분일까? 참을 먹고 잠시 쉴 때 박 도령은 나이 많아 뵈는 노인에게 이것저것 물었다.

"할아버지는 얼마나 오래 농사를 지으셨어요?"

"한 50년 됐지요."

"우와, 그렇게 오랫동안요! 그럼 아주 부자가 되셨겠네요?"

"허허. 그렇지도 않아요. 남의 논을 소작으로 부쳐 먹으니 주인에게 반 떼어 주고, 세금 바치고, 그러면 뭐 남는 게 있어야지요."

노인은 두 볼이 폭 파이도록 곰방대를 빨더니 하, 하고 길게 한숨을 내쉬었다.

일 년 열두 달 24절기에 맞춰 농사짓기

그랬다. 조선의 농부들은 힘겹게 농사를 지으며 살아갔다. 자기 논밭이 있는 농민은 그나마 살기가 괜찮은 편이지만 소작을 부쳐 먹는 농민들은 노인의 말처럼 이리 바치고 저리 뜯겨 가난을 벗어날 수 없었다.

농부의 하루는 단순하다. 해 뜨기 전에 들에 나가 해 질 때까지 일했다. 농부는 24절기에 맞춰 농사를 지었다. 24절기란 태양력을 기준으로 일 년을 24절기로 나눈 것인데, 대략 15일 간격이다. 가령 입춘이 2월 4일이면 다음 절기인 우수가 2월 19일이 되는 식이다.

봄의 시작을 알리는 입춘이 되면 농부들은 딱딱한 땅을 갈아 부드럽게 만들어 준다. 똥에 재나, 볏짚, 마른풀을 섞어 두엄도 준비한다. 5월이 되면 논에 물을 채우고 평평하게 써레질을 한다. 그러고 나서 모판에서 기른 모를 옮겨 심는데, 그것이 바로 오늘 하는 모내기다.

여름이 시작되는 입하가 되면 벼가 뜨거운 햇볕을 받아 어른 무릎 위까지 자라난다. 이때 또 농부들의 손길이 바빠지는데, 벼와 함께 자란 풀, 곧 피를 뽑아 줘야 하기 때문이다. 그래야 벼가 무럭무럭 자랄 수 있다. 뜨거운 태양 아래서 일하는 이 논매기 작업이 농부들에게 여간 고된 게 아니다. 여름엔 또 장마에 대비해 논둑을 잘 지켜봐야 한다.

입추가 지나 가을이 오면 농부들의 손길이 더 바빠진다. 알곡이 실하게 익은 벼가 고개를 숙이면 빨리 수확해야 하니까. 수확 때도 지금 모내기처럼 마을 사람들이 두레를 이용해 함께 벼를 벤다. 벼를 베고 털고 방아를 찧으면 한 해 벼농사가 끝난다.

입동과 함께 겨울이 찾아오면 농부들은 힘든 농사일에서 벗어나 볏짚을 이용해 초가지붕을 갈거나, 새끼를 꼬거나, 짚신을 삼거나, 가마니를 짜며 겨울을 보낸다. 이때를 '농한기'라 부른다.

박 도령이 논에서 엉덩방아를 찧은 이유

오전 참을 먹고 또 한두 시간 모를 심으니 해가 중천에 떠올랐다. 박 도령은 허리가 너무 아파 쉬고 싶어 미칠 지경이었다. 바로 그때 점심시간이 되었다. 박 도령은 광주리를 이고 오는 천 서방네 아낙이 그리 반가울 수가 없었다. 각종 나물에, 자반고등어 구이에, 정말 맛있었다. 농부들은 밥에 곁들여 막걸리를 한 사발씩 들이켠다. 한 농부가 박 도령에게 막걸리를 권한다. 박 도령이 손사래를 치자 "드셔도 괜찮습니다. 관례를 치른 지 일 년이나 지났는데 막걸리 한 잔 어떻다고요. 이걸 마셔야 일할 때 힘이 납니다." 하며 재차 권했다.

막걸리를 받아 시원하게 한 잔 들이켠 박 도령은 얼마 뒤 머리가 팽그르르 도는 듯하여 논두렁에 벌렁 누웠다. 그 모습을 본 농부들은 한바탕 웃음을 터뜨렸다. 겨우 정신을 차린 박 도령이 다시 논에 들어갔다. 농부들은 모내기 소리에 맞춰 한 동작으로 모를 심었다.

"심어 주게 심어 주게 심어 주게."

한 농부가 선소리를 메겼다.

그러자 다른 농부들이 호응했다.

"아리아리 아리아리 아라리요."

다 같이 노래를 부르며 일하면 힘도 덜 들고 효율도 높아진다고 했다. 구성진 모내기 소리를 들으며 모를 심던 중 박 도령은 종아리가 간질간질한 걸 느꼈다. 박 도령이 다리를 내려다보니 발목 근처에 무언가가 딱 붙어 있는 게 보였다. 피를 빨아 먹는 거머리였다!

"으악!"

박 도령은 비명을 지르며 질퍽한 논바닥에 첨벙, 하고 엉덩방아를 찧었다. 돌쇠가 거머리를 손바닥으로 탁 쳐서 떼어 내자 박 도령은 걸음아 나 살려라 논을 빠져나갔다. 농부들은 박 도령이 막걸리에 취해 쓰러졌을 때보다 더 크게 웃었다.

어느덧 해는 서산으로 지고, 모내기를 마친 논에서는 개굴개굴 개구리 떼창 소리가 울려 퍼졌다. 농부들은 흐르는 물에 손과 발을 씻고, 꽹과리, 장구, 징, 북이 어울리는 흥겨운 풍물 소리에 맞춰 덩실덩실 춤을 추며 마을로 돌아왔다. 거머리에 혼이 나긴 했지만 박 도령은 땀을 흘려 가며 농사일을 해 본 게 왠지 기분이 좋았다. 행렬 맨 뒤에서 걷던 박 도령이 돌쇠에게 말했다.

"돌쇠 형, 거머리 말이야. 논에 거위를 풀어 놓으면 어떨까? 거위가 논을 헤집고 다니며 해충알이나 거머리 같은 벌레를 잡아먹고, 여름철에 피도 뽑아 먹으면 농부들 일손이 많이 줄어들지 않을까? 어때?"

돌쇠가 무릎을 탁 쳤다.

"역시 도련님은 농사 천재십니다요. 농부들께 말씀드려서 당장 시험하도록 하겠습니다요."

오늘날 거위를 논에 풀어 놓는 친환경 농사법이 박 도령 아이디어에서 비롯됐는지는 모르지만 그런 생각을 할 정도로 박 도령이 거머리를 무서워한 건 사실.

무안한 박 도령은 돌쇠를 보았다.

"아이 참, 도련님이라고 하지 말라니까."

"그게 하루아침에 됩니까요, 하하."

돌쇠가 기분 좋게 웃었다.

지는 해를 등에 지고 마을로 돌아가는 두 사람은 풍악 소리에 맞춰 덩실덩실 춤을 추며 농부들을 뒤따랐다.

이앙법

이앙법은 고려 시대에 도입되었다고 전하는데 조선 초 한때 금지된 적이 있다. 만약에 모내기 철에 가뭄이 들면 한 해 농사를 망칠 수 있기 때문. 그럼에도 이앙법은 조선 후기 들어 널리 퍼졌으며 여기에는 그만한 이유가 있다. 이앙법으로 농사를 지으면 직접 볍씨를 뿌려 기를 때보다 수확량이 훨씬 늘어난다. 잡초를 뽑는 노동력도 확 줄어든다. 한 곳에서 보리와 벼를 이모작 할 수 있는 장점도 있다. 이앙법이 널리 보급되어 생산량이 증가하자 소작을 주지 않고 지주가 노비를 이용해 직접 농사를 짓는 일이 많아졌다. 그 때문에 농토를 잃은 소작인이 도시로 가 장사를 하거나 광산 노동자로 흘러 들어가 조선 후기 상공업 발달을 촉진했다. 한편 이앙법의 발달로 수확량이 늘어 부유한 자영농도 증가했다.

두레

두레란 농사를 위해 만들어진 농촌의 협력 조직이자 놀이 문화를 공유하는 집단. 모내기나 김매기, 수확처럼 한 번에 많은 노동력이 필요한 농사일에 활용된다. 두레 모임에서 회의를 통해 모내기 순서를 정해 모를 심는 방식이다.

두레는 이앙법이 널리 보급된 경상도, 전라도, 충청도 지방을 중심으로 발달했다. 모내기, 논매기, 수확 등 일시에 많은 노동력이 필요한 지방에 협력 조직인 두레가 발달한 것이다. 모내기를 하지 않던 경기도 이북 지역에는 두레가 없었다.

두레는 농사를 위한 협력 조직인 동시에 한데 어울려 놀이를 즐기는 마을의 문화 집단이기도 했다. 두레에는 으레 풍물패가 있고, 그 풍물패가 일터에 나가 농부들의 흥을 돋우는 역할을 했다. 한편, 품앗이는 두레와 달리 개인 간 일대일로 노동력을 맞바꾸는 작업 방식이다.

경직도 10폭 병풍 ⓒ 국립민속박물관

❶ 농업의 나라 조선

    조선은 농업국가였다. 그래서 농자
천하지대본, 즉 농사짓는 자가 천하의
근본이라며 농민을 존중했다. 건국 후
조선은 농업을 발전시키기 위해 노력
했다. 말로만 농업과 농민을 위한 게
아니라 어떻게 하면 농사를 잘 지어
나라를 부강하게 하고 민생을 안정시
킬지 고민했다. 농업국가이자 유교국
가인 조선에서 백성은 천하의 근본이
기 때문이다.

마을을 대표하고 상징하는 농기
ⓒ 국립민속박물관

❷ 풍토가 다르면 농사법도 달라야

    농업을 발전시키려면 어떻게 해야 할까. 농사 기술을 발전시켜 수확량
을 늘리면 된다. 그러려면 농사짓는 기술, 즉 농법을 연구해야 했다. 세종
대왕은 기존에 농사에 참고하던 중국 농서를 제쳐 두고 우리 풍토에 맞는
농서를 간행하는 데 힘썼다. 이런 노력으로 탄생한 농법서가 『농사직설』이
다. 이 책은 정초 등에 명해 전국에 있는 소위 농사의 달인을 인터뷰하고
그 내용을 정리하여 만든, 우리 실정에 맞는 농법서다.

    『농사직설』은 지역에 따른 적절한 농법을 다뤘다. 씨앗을 어떻게 선택하
고 저장하고 뿌려야 하는지, 밭은 어떻게 가는 게 효과적인지, 벼와 잡곡
의 파종과 수확은 어떻게 해야 하는지 등을 세세하게 담았다.

❸ 양난 이후 황폐해진 토지를 살리기 위해

조선 후기 들어 농사를 발전시키기 위한 농서 간행이 활발해졌다. 이유가 있다. 조선은 임진왜란과 병자호란이라는 두 번의 큰 전란에 국토가 황폐해졌다. 이로써 논밭이 줄어들어 농민의 삶은 더욱 피폐해졌다. 그래서 국가의 운명을 걸고 토지를 복구하고 수확량을 늘리기 위한 농업 발전 연구에 매진한 것이다.

병자호란 이후 효종 때 신속이 『농가집성』을 지었다. 신속은 기존에 있던 『농사직설』, 『금양잡록』 등의 농서를 참고하여 한층 발전된 농서를 지었다. 『농가집성』은 특히 이앙법 보급에 이바지한 공이 크다. 숙종 때 박세당은 담배 재배와 과일, 화초, 약초 등 기존의 논농사와 밭농사 이외 작물 재배 내용을 추가한 농서 『색경』을 지었다. 박세당의 이 책은 농업에 관한 그의 사상을 담은 '농학사상서'라고 할 수 있다. 숙종 때 홍만선은 곡식과 과일 재배 연구서 『산림경제』를 지었다. 순조 때 서유구는 『임원경제지』를 지어 영농 방법과 정부의 농업 정책을 살펴보았다.

조선 후기 농서 가운데 가장 눈에 띄는 책은 『과농소초』. 이 책은 농업을 장려하기 위한 농서를 지어 올리라는 정조의 명에 따라 실학자인 연암 박지원이 지은 농법서다. 『과농소초』는 무엇보다도 우리 농법과 청나라 농법을 비교 연구했다는 특징이 있다. 또 박지원은 농작물을 선택하거나 재배 순서를 자연 조건에 맞추고, 땅을 깊이 갈아 잡초를 제거해야 한다는 등 노동력을 많이 필요로 하는 농사 과정을 개선하는 방법을 조언했다.

연암 박지원

❹ 토지를 국유화해서 농민에게 무상으로 나눠 주자!

　　조선은 농민의 안정적인 생활을 이루기 위해 토지 제도 개혁을 모색했다. 실학자 유형원은 토지 제도 개혁 방안으로 '균전제'를 내세웠다. 균전제는 토지를 누구나 균등하게 소유하게 해야 한다는 것이다. 실학자 정약용은 '여전제'를 주장했다. 여전제란 농민 가구 30호를 한 단위로 묶어 그 집단을 '여'라 하고, 국유화 한 토지를 '여'라는 지역 단위에 나누어 주어 공동 경작, 공동 수확하게 하는 토지 제도다. 이는 마치 공산주의나 사회주의의 공동 생산, 공동 분배와 같아 보이지만, 결정적으로 다른 점이 있다. 공산주의에서는 누구에게나 똑같이 분배하지만 정약용의 여전제에서는 자기가 노동력을 들인 만큼 분배받는다.

김홍도 〈논갈이〉, 『단원풍속도첩』 중에서
ⓒ 국립중앙박물관

김홍도 〈벼타작〉, 『단원풍속도첩』 중에서
ⓒ 국립중앙박물관

　이러한 토지 제도 개혁안은 한 번도 실행되지 못했다. 그에 따라 자기 토지가 없는 농민은 대개 비율제인 '타조법'에 따라 수확량의 반을 소작료로 지주에게 바치며 살아왔다. 80석을 수확하면 40석, 120석을 수확하면 60석을 바친다. 이런 상황에서는 농사가 잘될수록 자기 몫이 커지는 지주의 간섭이 심했다.

　그러다가 조선 후기 들어 점차 '도조법'으로 바뀌어 갔다. 도조법은 비율제가 아니라 정액제였다. 가령 농민 이돌석이 지주 박 대감에게 한 해 수확량을 70석을 주기로 약정했다면 흉년이 들어 100석을 수확하든 풍년이 들어 200석을 수확하든 지주에게 70석만 주면 되는 것이다. 그러니 농민들은 마치 제 땅 제 농사인 듯 열심히 일했다. 이것이 조선 후기 농민들 삶의 한 풍경이다.

시골 농기구 격납고 ⓒ 국립민속박물관

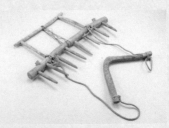

써래 ⓒ 국립민속박물관

고무래 ⓒ 국립민속박물관

6

그 많던 한양의 똥은
누가 치웠을까?

북촌의 아침이 밝았다. 박 진사는 아침 문안 온 박 도령에게 봉서를 내밀었다.

"이번에 찾아뵐 분은 아비의 벗이자, 내가 스승으로 여기는 분이니 각별히 예의 바르게 행동해야 한다. 알겠느냐?"

박 도령이 네, 하고 물러나려는데, 박 진사가 잠깐, 하며 불러 세웠다.

"오늘은 무슨 체험인지 왜 묻질 않는 게냐?"

박 도령은 우물쭈물 대답을 못 하다가 겨우 입을 열었다.

"어차피 여쭤 봐도, 안 가르쳐 준다, 이러실 것 같아서……."

박 진사는 껄껄 웃었다.

"역시 내 아들이구나."

집을 나온 돌쇠와 박 도령은 가회방에 이르러 봉서를 뜯어보았다.

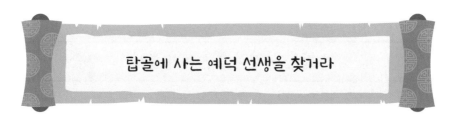

탑골에 사는 예덕 선생을 찾거라

예덕 선생은 또 누구? 하는 표정으로 박 도령이 고개를 갸웃하자, 척하면 척이던 돌쇠도 웬일인지 두 눈만 껌벅거릴 뿐 말이 없었다. 두 사람은 일단 탑골 동쪽으로 가 보기로 했다.

안국방을 빠져나와 운현궁을 지나니 아침 햇빛을 받은 탑골의 백탑(서울 종로구 탑골공원 안 원각사터에 있는 10층 석탑)이 하얗게 빛을 발했다. '아버지가 스승으로 모시는 분이라면 필경 학식이 높으신 양반일 거야.'

이런 생각으로 박 도령은 번듯한 기와집이 몰려 있는 곳으로 가서 예덕 선생 댁을 찾았다. 하지만 동네 사람 누구도 예덕 선생을 알지 못했다. 그러다가 한 노인에게 예덕 선생 댁을 아느냐고 물으니 노인이 "알지." 하며 가르쳐 주었다.

"이 동네를 빠져나가 저리로 가다가 다시 요리로 조리로 가서 끝 집이네. 혹시 못 찾으면 엄 행수 집을 찾으면 된다네."

노인이 가르쳐 준 대로 찾아가니 과연 집이 하나 있는데, 박 도령이 상상한 것과 전연 판판이었다. 어, 이게 아닌데, 하고 돌아서려는데 문이 열리더니 한 노인이 밖으로 나왔다.

'저 노인이 예덕 선생?'

놀라 서 있는 박 도령에게 노인이 고개 숙여 인사를 했다.

"어서 오십시오, 도련님. 기다리고 있었습니다."

그 많은 한양의 똥은 누가 풀까

박 도령은 번듯한 기와집을 상상했다. 그런데 실제 보니 흙으로 벽을 쌓고 볏짚으로 지붕을 얹은 초가에 겨우 사람 하나 드나들 만한 문이 뚫려 있는, 그야말로 초라하고 볼품없는 집이었다. 예덕 선생이라는 노인 또한 정반대 이미지였다. 학식이 높은 양반일 것이라는 예상과 달리 낡은 옷에 구부정한 허리, 억센 손마디에 어수룩해 뵈는 늙은이였다. 어안이 벙벙한 박 도령은 일단 오늘 할 일이 뭔지 알아보기로 했다.

"예덕 선생님, 오늘 저희가 할 일이 무엇인지요?"

"무슨 일이긴요, 인분을 퍼 나르는 일이지요."

인분이라는 말에 박 도령의 표정이 삼 일 묵은 똥 빛이 되었다. 박 도령은 생각했다.

'아버님이 노망이 나신 게 분명해. 자식에게 어찌 똥 푸는 일을 시키신단 말인가. 힘든 성균관 유생 체험, 위험한 군사 체험 다 했지만, 이건 너무 더러운 일 아냐? 난 못 해!'

이렇게 결심하고 돌아가려는 순간, 특별히 예의를 갖추라던 아버지 말씀이 뒤통수를 때렸다.

'진퇴양난이다!'

이러지도 못하고 저러지도 못하고 있는 박 도령에게 노인이 말했다.

"가시지요, 도련님. 그리 힘들진 않습니다."

아버지가 예덕 선생으로 부르는 이 노인은 '엄 행수'라고도 불렸다. 행수는 늙은 일꾼이라는 뜻인데, 노인의 성이 엄 씨여서 사람들이 엄 행수라 부른다. 엄 행수가 하는 일은 도성 안에 있는 똥을 퍼다가 도성 밖에서 채소를 기르는 농부들에게 파는 것. 박 도령이 선생에게 물었다.

"도성 안의 그 많은 똥을 다 어디에 파신다는 건가요?"

"팔 곳은 많지요. 동쪽으로 가면 왕십리 배추밭이 있고, 살곶이다리 부근에 무밭도 있고, 광희문 밖 가지, 오이, 수박, 호박밭도 있고, 서쪽으로 가면 연희궁 마을에 고추, 파, 마늘밭도 있고, 남쪽으로 가면 청파의 미나리밭, 이태원의 토란밭까지, 없어서 못 팔 정도지요."

박 도령이 사는 조선 후기 한양은 만원이었다. 도망친 노비, 농토를 잃고 날품팔이를 위해 집을 떠난 농부, 시장이 발달하자 장사를 하기 위해 나선 사람들이 서울로 몰려들었다. 19세기 전후 한양 인구를 대략

20만 명으로 추산하는데, 조선 전기보다 두 배 늘어난 수치다. 한양에 사람이 북적이게 되자 가장 큰 문제는 똥이었다. 인구가 늘어난 만큼 똥도 늘어났으니 이것을 어떻게 처리하느냐 하는 문제.

한편, 사대문 밖에서는 서울로 몰려든 농민이 터를 잡고 살며 채소를 길러 도성 안에 있는 운종가의 시전과 칠패, 배오개시장에 내다 팔았다. 밭농사를 지으려면 땅을 비옥하게 하고 채소를 잘 자라게 해 주는 비료, 즉 거름이 꼭 필요했다. 거름은 똥에 볏짚이나 재를 섞어 만드는데, 자기 마을에 있는 똥으로는 거름을 만들기가 부족했다. 그래서 엄 행수 같은 똥 장수에게서 도성 안의 똥을 사들인 것이다. 이런 걸 보면 엄 행수 같은 똥 장수는 뒷간의 인분을 퍼내야 하는 도성 안 사람에게나 똥 거름이 필요한 도성 밖 농부에게나 무척 고마운 존재라 할 수 있다.

도성 안 뒷간 똥을 도성 밖 채소밭 거름으로

예덕 선생이 똥장군을 지게에 지고 앞장섰다. 박 도령은 지게에 똥장군을 지고 장대에 매단 똥바가지를 들었고, 돌쇠도 똥장군을 지게에 지고 뒤따랐다.

세 사람이 도착한 곳은 어느 양반댁 뒷간이었다. 예덕 선생은 똥바가지를 들더니 뒷간 문을 열고 똥통에서 똥을 한 바가지 퍼 올렸다. 역한 냄새가 코를 찔렀다. 아, 정말 박 도령은 미칠 지경이었다. 똥바가지로 퍼 올린 똥을 똥장군에 붓기를 여러 번, 예덕 선생이 자기 똥장군을 얼추 채웠는지 박 도령에게 똥바가지를 내밀었다.

"도련님, 이걸 가지고 똥장군을 채우세요."

똥바가지를 받아 든 박 도령은 똥통 아래로 바가지를 넣고 휘저어 한 바가지 퍼 올렸다. 그 똥을 보자 박 도령은 속이 울렁거리더니 사람의 의지로는 막기 힘든 무언가가 목구멍으로 뿜어져 나오는 것을 느꼈다.

"우웩!"

우여곡절 끝에 똥통을 다 채운 세 사람은 각각 똥장군을 지게에 지고 길을 나섰다. 걸을 때마다 똥장군 안에 있는 똥이 출렁거려 입구로 흘러내릴 듯했다. 세 사람이 나란히 줄지어 걸어가자 다가오는 사람들이 코를 막고 피하는 바람에 길은 모세의 기적처럼 갈라졌다.

종묘를 지나 배오개에 이르자 낮은 구릉에 눈처럼 핀 하얀 배꽃이 장관이었다. 똥과 배꽃이라……. 박 도령은 피식 웃으며 걸었다.

한참 뒤 광희문을 빠져나오니 몇몇 초가가 있고, 또 한참을 걸어가니 오이와 수박, 호박, 가지밭이 펼쳐졌다. 예덕 선생은 누구네 밭 근처 두엄에 가더니 똥장군을 쏟았다. 박 도령도 따라서 똥장군을 쏟는데 바지와 저고리에 똥물이 튀어 옷을 버리고 말았다. 세 사람은 해가 지도록 도성 안 뒷간에서 똥을 퍼다 도성 밖으로 나르는 작업을 계속했다.

똥을 푸기 전에는 몰랐으나 똥을 푸고 나니 박 도령에게 안 보이던 것이 보이기 시작했다. 한양 거리에 생각보다 똥이 많다는 사실!

그랬다. 인구가 늘어나자 사람들은 다닥다닥 초가를 짓고 살았는데, 집집마다 뒷간이 있는 게 아니어서 사람들은 똥오줌을 길가에 내버리거나 개울에 흘려 버렸다. 그래서 똥 냄새가 진동하고 보기에도 안 좋고 위생에도 좋지 않았다. 실학자 박제가는 『북학의』에서 이런 모습을 다음과 같이 개탄했다.

"뜰이나 거리에 오줌을 내버려서 우물물이 찝찔하고, 냇가 다리에는 똥이 말라붙어 큰 장마가 아니고는 잘 씻기지도 않는다."

서양에서도 똥 처리 문제가 골칫거리였다. 중세 유럽에는 집에 화장실이 없었다고 한다. 그래서 사람들은 오줌과 똥을 거리에 버렸다. 밤에 몰래 버리면 그나마 양반이지만, 2층에서 창밖으로 똥오줌을 아무렇게나 쏟아 버리는 사람들도 많았다. 머리 위에서 쏟아지는 오물을 피하기 위해 양산이 생겨나고 남성용 승마 부츠였던 굽 높은 신발이 하이힐로 발전했다고 한다.

여하튼 넘쳐나는 똥을 처리하는 것이 동양이나 서양의 가장 큰 골칫거리였다. 김옥균은 이 문제를 해결하지 않고는 근대화고 개혁이고 안 되겠다 싶어 일본에 시찰을 다녀온 뒤 치도국을 설치하여 길에 똥을 함부로 버리는 사람을 단속했다. 길거리 똥을 치워야 거리 환경도 정비하고 전염병도 예방할 수 있다고 말이다. 문제는 소똥과 말똥이었다. 수레를 끄는 소와 말이 길에 똥을 퍼질러 싸자 우마차 주인에게 그 똥을 처리하라고 했다. 그러자 그들이 거세게 반발했고, 이 때문에 치도국은 설치 석 달 만에 폐지되었다. 뒤이어 갑신정변에 실패한 김옥균이 일본으로 망명하면서 길거리 똥을 치워 환경과 위생을 개혁하려던 노력은 물거품이 되고 말았다.

가장 더러운 일을 하며 가장 깨끗한 삶을 살다

세 사람은 마지막 똥장군을 왕십리 채소밭 근처 두엄에 붓고 탑골로 돌아왔다. 박 도령과 돌쇠의 옷은 똥물이 튀어 냄새가 진동했다. 예덕 선생은 뭐가 좋은지 얼굴에 웃음이 가득했다. 박 도령은 궁금해서 못 참겠다는 표정으로 물었다.

"선생님, 외람된 질문이지만 혹시 이렇게 똥을 팔아서 한 해에 얼마를 버시는지요?"

예덕 선생이 미소를 지었다. 그건 왜 묻느냐는 표정으로.

"한 6,000냥쯤 되지요."

선생의 답에 박 도령과 돌쇠가 입을 쩍 벌렸다. 왜 안 그렇겠는가. 당시 한 냥이 5만 원 정도니 연봉이 3억 원 정도 되는 것이니까.

"와, 그럼 좋은 집에 사시고, 맛난 고기도 드시고, 새 옷도 좀 사 입으시지 않고……."

박 도령의 말에 예덕 선생이 빙그레 웃었다.

"목구멍 내려가면 나물이나 고기나 다 마찬가지인데 가릴 것이 뭐 있겠습니까. 새 옷을 입으면 똥을 지고 다니기 어렵겠지요. 집은 몸 하나 누일 곳이면 족하고요. 허허."

똥내를 풀풀 풍기며 집으로 돌아오는 박 도령. 박 도령은 아버지가 예덕 선생을 벗으로 삼고 스승으로 모시는 이유가 무엇인지 알다가도 모르겠다. 또 아들을 선생에게 보내 '똥 퍼' 체험을 시킨 이유가 무엇인지 알쏭달쏭하기만 했다.

연암 박지원의 「예덕선생전」

박 도령이 만난 예덕 선생은 연암 박지원이 지은 「예덕선생전」의 주인공이다. 소설집 『방경각외전』에 실려 있는 「예덕선생전」은 한양 도성 안에서 똥을 퍼다 성문 밖 농부들에게 내다 팔며 살아가는 엄 행수라는 사람에 관한 이야기다. 소설에 등장하는 선비는 똥을 팔아 먹고사는 엄 행수를 '예덕 선생'이라 불렀는데, 여기서 말하는 예는 예의의 예(禮) 자가 아니라 더러운 것을 뜻하는 예(穢) 자다. 따라서 예덕은 '더러운 것으로 덕을 쌓는다'라는 뜻.

박지원은 등장인물인 선비의 입을 빌려 '예덕 선생은 가장 더러운 일을 하며 가장 고결한 삶을 살아가는 사람'이라고 말한다. 그러면서 관직과 녹봉이나 탐하고 체면만 지키는 양반을 신랄하게 비판했다.

ㄹㄹㄹㄹㄹㄹ 임금님은 어떻게 똥을 쌌을까? ㄹㄹㄹㄹㄹㄹ

　궁궐에 사는 임금과 왕비는 화장실에 가지 않았다. 그럼 어떻게? 임금과 왕비는 이동식 변기인 매화틀('매우'라고도 부른다)에서 볼일을 봤다. 놋으로 만든 매화틀은 모양이 네모난 갑 휴지처럼 생겼다. 임금은 볼일이 보고 싶으면 집무실이든 침전이든 어느 곳에서든 휘장을 치고 매화틀에 앉아 볼일을 봤다. 그러면 내의가 변 색깔과 냄새, 혹은 맛을 보고 임금의 건강 상태를 확인했다. 그렇다면 궁궐에서 업무를 보는 관리나 생활하는 나인은 대소변을 어떻게 해결했을까? 궁궐 외전, 즉 정전이나 침전에서 멀리 떨어진 곳에 설치된 공동화장실에서 볼일을 봤다. 보통 궁궐에서는 3,000여 명이 생활했다고 하니 그들이 생산하는 인분의 양이 어마어마했다. 그래서 똥 처리를 전담하는 관서를 따로 두었는데, 그곳이 '전연사'다. 전연사는 인분 처리 외에 궁궐 보수와 쓰레기 처리를 담당했다.

임금님의 이동식 변기 매화틀 ⓒ 국립민속박물관

경복궁 동궁 권역 남쪽 대형 화장실 유구 ⓒ 문화재청
경복궁 대형 공중 화장실 유구는 150여 년 전에 이미 물을 이용한 정화 시설을 갖춘 현대식 구조 화장실을 활용했음을 알려 준다. 세계적으로도 유례 없는 이 화장실은 4~5칸으로 한 번에 10명이 이용할 수 있는 규모였고, 관리, 궁녀, 군인이 주로 이용했다고 한다.

❶ 똥이 자원이다

농업국가 조선에서는 수확량을 늘려 농민 생활과 국가 재정을 안정화하는 게 국가의 최대 과제였다. 그래서 농사짓는 데 유익한 기술을 소개한 농법서를 여럿 간행했다. 『농사직설』등 거의 모든 조선의 농법서에서 중요하게 다룬 내용이 '시비법'이다. 시비란 비료이니 시비법은 거름을 주는 방법이다.

오늘날처럼 공장에서 대량으로 화학비료를 만들어 내기 전 농민들은 어떤 재료로 만든 비료를 사용했을까? 여러 가지 비료가 있지만 가장 많이 사용된 건 거름이다. 거름은 토양을 기름지게 해 농작물이 쑥쑥 자라도록 해 주는 유기농 영양제다. 이러니 수확량을 늘리려면 씨 뿌리는 방법, 밭 가는 방법, 수확하는 방법 같은 그 어떤 농사법보다도 거름을 만들어 밭에 공급하는 시비법이 중요했다.

❷ 거름의 주원료는 똥

거름은 무엇으로, 어떻게 만들까? 가장 흔한 제조 방법은 사람이나 동물의 똥이나 오줌에 나뭇잎, 쌀겨, 재, 볏짚, 음식물 쓰레기 등을 섞어 만드는 것. 이렇게 만든 거름을 준비해 씨를 뿌리기 전 밭에 주는 것은 밑거름, 씨앗을 뿌린 뒤 주는 것은 웃거름이라고 한다. 이 거름이 토양을 기름지게 하고 농작물 성장을 촉진하는 영양분이 된다. 이토록 거름이 중요하다 보니 옛날 어른들은 아이들에게 밖에 나가서 놀더라도 똥오줌은 반드시 집에 와서 누라고 타일렀다.

거름을 만드는 가장 중요한 원료가 바로 인분, 사람의 똥이다. 이렇게 중요한 똥을 예덕 선생 같은 분이 똥장군으로 퍼 날라 농촌에 내다 팔았다. 그렇다고 똥이 바로 거름이 되는 것은 아니다. 똥에는 수없이 많은 세균과 기생충이 있다. 아무런 처리를 하지 않은 똥의 영양분으로 자란 채소를 먹으면 기생충이 사람 몸으로 옮겨 올 수 있다. 그러면 어떤 처리를 해야 할까? 먼저 밭 가장자리에 웅덩이를 파고 똥오줌을 모아 둔다. 그 똥에 낙엽, 볏짚, 재 등을 섞는다. 그러고 나면 미생물이 발효를 시작해 열이 발생하면서 세균과 기생충이 죽는다. 이렇게 만들어진 거름을 밭에 주면 된다.

화학비료가 생산되기 전에는 거름을 모아 둔 똥 웅덩이가 농촌에 많이 있었다. 연암 박지원이 지은『호질』을 보면 북곽 선생이 과부와 은밀히 정을 통하던 중 그 자식들에게 들켜 도망치다 빠진 곳이 바로 똥 웅덩이였다. 똥 범벅이 된 채 웅덩이에서 나온 선비를 호랑이는 배가 고픈 데도 잡아먹지 않는다. 고고한 척하던 선비가 남몰래 간음하는 위선의 모습이 똥보다 더 더럽다면서.

한편 '똥재'라는 거름도 있었다. 농촌에서는 흔히 뒷간 한쪽에 볏짚이나 나무를 때고 남은 재를 수북이 쌓아 두었다. 볏짚을 태운 재는 알칼리 성분이 강해 산성 토질을 개선하는 효과가 있다. 변을 보고 나서 똥에 재를 듬뿍 덮어 둔다. 이렇게 하면 냄새도 덜 날 뿐더러 똥과 재가 섞여 굳어진다. 이 똥재를 필요할 때 가져다 논밭에 거름으로 준다. 똥재가 얼마나 귀

똥바가지 ⓒ 국립민속박물관

똥지게 ⓒ 국립민속박물관

한 거름이었는지 1900년대 초 똥재 한 섬에 30전을 받고 팔았다는 기록이 있을 정도다. 『농사직설』에는 여러 해 못자리로 이용한 논을 다시 기름지게 만들기 위해 똥재를 거름으로 주었다는 내용이 있다. 어느 왕보다 농업 발전에 관심을 가진 세종은 특별히 감독관을 지방에 파견해 농민들이 거름을 잘 주도록 독려하곤 했다.

❸ 똥이 생산되는 곳, 뒷간 혹은 화장실

농사에 없어서는 안 되는 똥이지만 고약한 냄새 때문에 뒷간을 어디에 둘지가 조선 사회의 큰 골칫거리였다. 제법 규모를 갖춘 양반가에서는 여성이 주로 기거하는 안채에 여성 전용 화장실인 안뒷간을 두었다. 뒷간이라는 말처럼 뒷간은 본채와 조금 떨어진 곳, 본채 뒤편에 두는 게 보통이었다. 남자들이 사용하는 바깥 뒷간은 바깥 행랑 끝처럼 가능하면 멀리 두었다. 고약한 냄새도 냄새지만 식수가 오염될 수 있다는 염려 때문이었다. 우리 속담에, 뒷간과 처가는 멀수록 좋다는 말은 그래서 생긴 것이다. 흔히 초가 삼 간이라 부르는 평민 집에서도 뒷간은 가능한 본채에서 멀리, 뒤편에 두는 게 상례였다.

그렇다면 임금님이 사는 궁궐의 뒷간은 어땠을까. 흔히 왕과 왕비처럼 고귀한 신분은 매화틀이라 불리는 이동식 좌식 변기에서 일을 보기 때문에 궁중에는 뒷간이 없었다고 생각하기 쉽지만, 그렇지 않다. 궁궐 안에도 화장실이 있었다.

뒷간을 궁중에서는 서가, 정방, 청측, 청방, 청흔, 측간, 측실, 측청이라 불렀는데 1908년 간행된 경복궁의 도면인 『북궐도형』에는 '측'이라고 표기된 곳이 28곳이 있었다. 창덕궁 도면에는 21곳이 표시돼 있었다. 측이라 표시된 궁궐의 측간은 왕과 왕비가 거주하는 내전이나 왕과 신하가 정사를 논하는 중요 건물이 있는 곳에는 없고, 주요 건물과 뚝 떨어진 궁궐 안 외곽이나 본채를 둘러싸고 있는 행각의 가장 먼 자리에 배치되었다. 측간에는 한 사람이 일을 보는 한 칸짜리 측간도 있고 여러 사람이 동시에 일을 보는 공동 화장실도 있었다. 궁궐 안에는 왕과 왕실 가족 외에도 관원이나 군인, 궁녀, 내시, 공노비 등 수백 명이 생활하고 있었기 때문에 이들이 배설 욕구를 해결할 화장실은 필수였다.

1958년 서울에 수세식 화장실이 설치된 아파트가 처음 건설되면서 화장실이 집 안으로 들어오기 시작했다. 이제 똥은 농사에 필요한 자원에서 버려지는 오물이 되었다. 또한 1960년대 이후 비료 공장에서 화학비료가 대량 생산되기 시작하면서부터 똥을 이용해 만든 천연비료가 사라져 갔고, 똥은 그야말로 '똥값'이 되었다.

조선 시대 사람들은 누구나 밥과 채소를 먹었다. 그러고 나서 똥을 싼다. 그 똥은 거름으로 만들어 밭에 뿌려진다. 채소는 거름의 영양분을 빨아 먹고 자라 다시 밥상에 오른다. 그걸 먹고 또 똥을……. 이렇게 이뤄지던 먹고 싸고 거름 주고 먹거리가 되는 친환경적 순환이 수세식 화장실과 화학비료의 등장으로 멈췄다. 오늘날에도 화학비료를 사용하지 않고 거름을 주는 친환경 유기농 농사를 짓는 농부가 있지만 화학비료의 청결과 편리함을 포기하기란 쉽지 않은 일이다.

함양 일두 고택 안채 측간
ⓒ 한국민족문화대백과사전

산청 남사마을 이층뒷간 정측면
ⓒ 한국민족문화대백과사전

7

조선의 소매치기
표낭도 검거 대작전

지난번 '똥 퍼' 체험은 박 도령에게 너무 괴로운 경험이었다. 어렵고 (difficult), 위험하고(dangerous), 더러운(dirty), 이른바 3D 업종 체험의 끝판왕이었다고나 할까? 박 도령은 아버님이 이번엔 또 무슨 체험으로 사랑하는 아들을 힘들게 하실까 걱정이 앞섰다.

아침 문안을 드린 뒤 봉서를 받아 든 박 도령과 돌쇠는 여름 아침 신선한 공기를 마시며 북촌을 빠져나왔다. 길이 동서로 갈리는 안국방 네거리에 이르자 박 도령이 봉서를 뜯어본다.

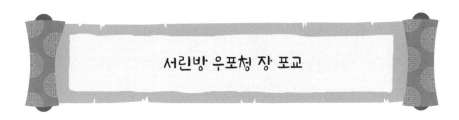

서린방 우포청 장 포교

박 도령과 돌쇠는 단박에 무슨 뜻인 줄 알겠다는 듯 서로를 바라보았다. 박 도령이 밝은 표정으로 말했다.

"우포도청에 가서 포도군관 체험을 하라는 말씀이로군!"

"당근이에요."

"당근?"

박 도령은 이번엔 또 무슨 엉뚱한 소릴 하려나, 하는 표정으로 돌쇠를 쳐다보았다.

"당연히 근거 있는 말씀이다, 그런 뜻입니다. 하하."

"하여간 돌쇠 형 찍어다 붙이는 건 알아줘야 한다니까. 이제부터 딱풀이 형이라고 불러야겠어. 그나저나 무과 준비는 잘 돼가?"

"그냥 뭐……. 면천해 주신 것만도 고마운데, 공짜로 무과 준비까지

하게 해 주시니. 다행히 제가 무사 체질이라 말 타고, 칼 쓰고, 활 쏘고, 창 휘두르는 게 너무너무 즐겁습니다. 이게 다 저를 아껴 주신 대감마님 덕분이지요."

인걸이 말을 편하게 하라고 여러 번 말했지만 돌쇠는 했습지요, 습니다요, 같은 노비 말투는 버렸으나 인걸에게 말을 놓거나 하지는 못했다. 20년 가까이 상전으로 대하던 말투를 하루아침에 바꾸기는 쉽지 않다. 그래도 자기에게 그렇게 말해 주는 박 도령이 고마워 돌쇠는 눈망울이 촉촉해진다. 박 도령도 왠지 마음이 짠했다.

"그게 다 딱풀이 형이 큰 공을 세워서 그런 거지."

박 도령의 말에 돌쇠가 머리를 긁적였다. 이런저런 이야기를 나누며 걷다 보니 어느새 우포청 앞이었다.

좌포청 우포청, 한양의 치안은 우리가 맡는다

"장 포교 나리를 찾아왔습니다."

박 도령이 우포청 정문을 지키는 포졸에게 말하자 포졸은 "장 포도부장 나리 말이냐?" 하고 물었다. 박 도령이 고개를 끄덕이자 포졸은 두 사람을 건물 안으로 안내해 주었다. 두 사람이 안내받은 곳은 우포청 안쪽 어느 건물이었다. 포졸이 "장 포도부장 나리"라며 부르자 한 사내가 회의를 하다 말고 박 도령 쪽을 바라보았다.

"네가 인걸이구나. 박 진사께 얘기 들었다. 지금 급한 회의가 있어 그러니 저기 천 군관의 지시를 받거라."

박 도령은 고개를 숙여 인사한 뒤 물러나 나왔다. 천 군관이라 불리는 포도군관이 박 도령과 돌쇠에게 포졸 군복과 붉은 오랏줄, 육모방망이 같은 포도 장비를 내주며 오늘 할 일을 일러 주었다.

"할 일은 간단하다. 우리 우포청 관할 구역인 도성의 서쪽과 북쪽에서 순라를 돌면 된다. 여기 있는 포졸과 함께 움직이도록."

두 사람이 군복을 갖춰 입으니 돌쇠는 10년도 더 된 노련한 포도군관이요, 곱상한 얼굴을 한 인걸은 애기 포졸로 보였다. 포졸 차림의 박 도령과 돌쇠는 일일 포도군사가 되어 한양 거리로 나섰다.

포도청은 오늘날 경찰청 같은 관청이다. 포도대장은 경찰청장에 해당하고, 포도청에서 근무하는 포도군관 혹은 포졸은 경찰에 해당한다. 포도청이 하는 일은 도성의 치안 업무를 담당하는 것. 오늘날 경찰이 하는 업무와 같다. 개국 후 조선은 포도, 즉 도둑을 포획하는 전담부서를 따로 두지 않고 한성부나 중앙군 군사가 치안을 담당하게 했다. 그러다 민생을 위협하는 범죄가 늘어나자 성종 때 치안을 전담하는 관서를 창설했는데, 그것이 바로 포도청이다.

한양에는 좌포청과 우포청, 두 개의 포도청이 있다. 한성 중심부와 동쪽과 남쪽은 좌포청이 담당하고, 서쪽과 북쪽은 우포청이 맡도록 했다. 박 도령이 체험하기 위해 찾은 곳은 그러니까 한성 서쪽을 담당하는 우포청이다.

포도청이 맡은 업무는 크게 두 가지인데, 하나는 도성 안을 순찰하는 것이고, 또 하나는 절도나 강도, 살인 사건을 수사하고 범인을 체포하는 일이다. 좌우 포도청에는 책임자인 포도대장을 한 사람씩 두었고, 그 밑에 포도청 실무를 담당하는 종사관과 실제 현장을 돌며 순찰과

범인 체포를 지휘하는 포도부장을 두었다. 그 아래로는 포도군관, 포도
군사들이 있다.

박 도령이 사는 조선 후기 한성은 전과 비교해 급격히 변모했다. 인
구가 두 배로 늘어났고, 시장과 화폐가 발달해 상업 활동이 활기를 띠
었다. 사람이 모이고 돈이 돌다 보니 그것에 비례해 절도와 강도 같은
범죄도 늘어났다. 그 때문에 포도청의 역할이 더욱 중요해졌다.

박 도령과 돌쇠는 포도군관을 따라다니며 운종가와 육조 거리, 새문
안 거리를 순찰했다. 오전이어서 그런지 일일 포졸 박 도령과 돌쇠는 크
게 할 일이 없었다. 운종가 시전에서 거간꾼과 손님이 흥정하다가 싸움
이 벌어졌는데, 그럴 때 박 도령 순찰조가 말리고 달래서 큰 싸움은 일
어나지 않았다. 그렇게 오전 순찰을 마친 박 도령은 오랜만에 피맛골에
있는 국밥천국에서 시원하게 국밥 한 그릇을 말아 먹고 우포청으로 돌
아왔다.

우포도청에 도착하니 회의를 막 끝낸 장 포도부장이 박 도령을 맞아
주었다.

"그래, 포도군사 체험은 할 만하더냐?"

"네, 별 어려움 없이……."

"그렇구나. 돌쇠랑 같이 따라오거라. 잠깐 할 말이 있다."

두 사람을 어느 방으로 데려간 장 부장은 책상 위에 용모파기(어떤 사
람을 잡기 위해 그 사람의 용모를 그린 것) 세 장을 펼쳐 보였다.

"이 자들은 도성 안에서 제일 악명 높은 표낭도인데……."

"표낭도요?"

박 도령이 장 부장을 바라보았다.

"빠를 표(剽), 주머니 낭(囊), 즉 재빠르게 주머니를 찢어 금품을 훔치는 소매치기란다. 근래 이자들이 시장에서 서민의 주머니를 쥐도 새도 모르게 털어가는 바람에 백성들 원성이 자자하단다."

포도부장은 말을 끊더니 낮은 목소리로 말했다.

"해서 말인데, 너희가 좀 도와 주어야겠다. 우포청 군관은 얼굴이 알려진 바람에 이놈들 검거에 애를 먹고 있단다. 너희가 장사치로 변장해서 그놈들을 감시하면 된다. 증거를 확보해야 하니까 반드시 범행 현장을 덮쳐야 한다. 칼을 가진 놈들이니 각별히 조심하거라."

그러면서 장 부장은 돌쇠와 박 도령에게 이런저런 검거 요령과 행동 수칙을 일러 주었다. 박 도령은 왠지 불길한 예감이 들었다. 지난번 군사 체험 때 악몽이 떠오른 것이다. 그때는 운이 좋아 다치지 않았지만 그런 행운이 계속된다는 보장이 없다. 박 도령의 마음을 아는지 모르는지 돌쇠는 의기양양한 표정이다. 누가 무사 체질 아니랄까 봐.

소매치기 검거 특별작전에 투입

남대문 밖 칠패시장은 활기가 넘쳤다. 싱싱한 어물과 채소, 오곡백과와 생필품을 사고파는 사람들로 북새통을 이루었다. 소매치기가 작업하기에 아주 좋은 환경 같아 보였다. 박 도령은 엿장수, 돌쇠는 떡장수로 변장한 채 시장 곳곳을 돌아다니며 예리한 눈으로 행동거지가 수상한 자를 감시하기 시작했다.

'표낭도라……, 표낭도가 얼마나 빠르기에.'

박 도령은 엿 가위를 철컥철컥하며 속으로 생각했다.

박 도령이 살던 조선 후기, 연암 박지원의 친구 이옥은 사기꾼 이홍의 행각을 그린 『이홍전』에서 표낭도를 세세하게 묘사했다.

"표낭도는 목표를 정하면 먼저 바람잡이가 그 사람에게 말을 걸거나 어깨를 부딪쳐 주위를 산만하게 한 뒤, 그 틈을 타 행동파가 칼로 재빠르게 주머니를 찢어 금품을 빼내 달아난다. 돈이 없어진 걸 안 사람이 도둑이야, 할 땐 이미 늦었다. 운 좋게 표낭도를 쫓아가더라도 막다른 골목에서 광주리 장수인 체하는 수습조가 나타나 길을 가로 막는다.”

박 도령과 돌쇠는 ‘엿 사세요, 떡 사세요’ 외치며 칠패시장을 교차하며 왔다 갔다 했다. 그러면서 매의 눈으로 수상한 움직임은 없는지 사람들을 관찰했다. 표낭도는 낌새를 차렸는지 좀처럼 행동을 개시하지 않았다.

박 도령은 용모파기에 나와 있는 얼굴을 머릿속에 떠올리며 열심히 엿가락 자르는 가위를 흔들었다. 엿판을 매고 서너 시간 동안 왔다 갔다 하려니 어깨도 아프고, 다리도 저리고, 팔도 아픈 것 같았다. 그렇듯 무료하게 어슬렁거리며 저잣거리를 오가는데, 비단 점방 앞에서 어디서 본 듯한 자가 어느 양반에게 말을 거는 게 보였다. 바로 용모파기에서 봤던 그 표낭도!

박 도령은 주위에 잠복해 있는 포도군관에게 미리 약속한 신호대로 철컥, 철컥, 철컥, 세 번 연달아 가위질을 했다. 곧이어 “소매치기 잡아라!” 하는 소리가 들려왔다.

바람잡이 역할을 한 표낭도는 혼란한 틈을 타 북쪽으로 유유히 사라지고, 소매를 털린 양반은 어쩔 줄 몰라 하고, 행동파 표낭도는 훔친 돈을 가지고 남쪽으로 튀기 시작했다. 엿판을 매고 있던 박 도령은 엿판을 벗어던지고 표낭도를 쫓기 시작했다. 시장 곳곳에서 잠복 중이던 포도군관도 일제히 범인을 쫓았다.

표낭도는 요리조리 포졸들을 따돌리며 빠르게 골목으로 도망쳤다. 잡힐 듯 말 듯 거의 소매치기와 가까워졌을 때, 광주리 장수가 쓱 나타나더니 “광주리 사시오!” 하며 길을 가로막았다. 그러는 사이 행동파 표낭도는 자취를 감추고 말았다. 박 도령과 포도군관은 광주리 장수를 자빠뜨린 뒤 오랏줄로 포박했다.

"너도 한 패인 거 다 알아 인마!"

그 시각, 추격을 따돌린 표낭도는 헉헉거리며 막 시장을 빠져나가고 있었다. 뒤를 돌아보고 안도의 한숨을 길게 쉰 그가 고개를 돌렸을 때 그의 앞에 육모방망이를 든 돌쇠가 떡 버티고 서 있었다.

"넌 또 뭐야!"

표낭도가 돌쇠를 표독스럽게 쏘아보았다.

"우포청 일일 포졸 돌쇠다."

돌쇠가 빙글빙글 웃으며 답했다.

돌쇠의 말이 채 끝나기도 전에 표낭도는 돌쇠를 향해 단도를 휘둘렀다. 예리한 칼날이 돌쇠의 오른쪽 팔뚝을 스쳤다. 돌쇠는 다시 날아드는 칼날을 피하며 육모방망이로 표낭도의 어깨를 내리찍었다.

"으윽!"

외마디 비명을 지르며 표낭도가 고꾸라졌다. 표낭도가 놓친 칼을 발로 멀리 차 버린 돌쇠는 무릎으로 표낭도의 목을 찍어 눌렀다. 달려온 포졸들이 표낭도를 오랏줄로 묶었다. 상황 종료.

우포청에 돌아온 돌쇠와 박 도령을 포도부장이 반갑게 맞았다. 포도부장이 돌쇠의 어깨를 두드리며 말했다.

"돌쇠 자네 덕에 한성에서 제일 악명 높은 소매치기단을 검거했네. 자네, 혹시 우포청에서 일해 볼 생각 없는가?"

돌쇠는 고맙다며 무과에 급제하고 난 뒤 생각해 보겠다고 답했다.

지는 해를 등지고 집으로 돌아가는 길. 상처를 싸맨 무명천에 붉은 피가 배어났다. 박 도령이 위로랍시고 던지는 한마디.

"내가 그놈을 요절냈어야 하는데."

"도련님 대신 나라에서 벌을 내린답니다. 곤장 50대 처맞고 오른쪽 팔뚝에 절도라는 두 글자를 먹물로 새긴 뒤 전옥서(조선 시대 죄인 관리를 담당한 관청 혹은 구치소)에 갇힌다고 하더군요."

돌쇠의 모습이 전보다 훨씬 어른스럽고 늠름해 보였다. 돌쇠의 말을 들은 박 도령은 속으로 그거 꼬시다 생각했다. 보신각을 지나 탑골에 이르자 노을빛을 받은 백탑이 붉게 빛났다.

의금부와 포도청, 공통점과 차이점

의금부와 포도청 두 기관 모두 죄인을 체포하고 심문하는 기관이다. 하지만 역할과 소속 등에 있어 차이가 있다. 의금부는 주로 역모죄 등 중죄인을 다룬다. 반면 포도청은 도둑, 강도, 살인 등 치안 업무를 담당한다. 오늘로 치면 의금부는 검찰과 국가정보원, 대법원을 합친 기관이고, 포도청은 경찰청에 해당한다. 소속도 다르다. 의금부는 왕의 직속 기관이다. 포도청은 국방과 군대 업무를 담당하는 병조 아래 둔 기관이다.

포도청에 잡혀온 죄인을 형벌하는 모습
기산 김준근 풍속화 ⓒ 국립민속박물관

조선의 과학수사관, 오작인

    지방 고을에서 살인 사건이 일어나면 고을 사또는 정확한 사인과 진범을 가리기 위해 시신을 검시한다. 이때 시신을 검시하는 수사관을 '오작인'이라 부른다. 조선 시대는 시체라도 함부로 칼을 대 부검을 할 수 없었기 때문에 오작인의 역할이 매우 중요했다.

    오작인은 정확한 사인을 밝히기 위해 은비녀, 술지게미, 백지, 식초 같은 과학적인 도구를 활용한다. 은비녀는 독약이 은을 만나며 색이 검게 변하는 성질을 이용해 독살을 밝힐 때 사용한다. 술지게미는 상처 입은 부위를 선명하게 드러내는 데 쓰이고, 흰 종이는 얼굴에 붙여 독 기운이 있는지를 판명하는 데 사용하며, 식초는 흉기에 남은 핏자국을 찾는 데 활용한다. 사인과 진범을 가리는 데 결정적 역할을 하는 오작인이지만 시신을 만진다는 이유로 천시와 멸시를 받았다.

검시하는 모습
기산 김준근 풍속화 ⓒ 국립민속박물관

❶ 조선의 형벌 제도

다산 정약용

조선 시대에도 죄를 지으면 벌을 받았다. 이를 '형벌'이라고 한다. '유배왕' 다산 정약용은 유배형을 받았다. 정약용은 강진에서 유배 생활을 하는 동안 놀라운 업적을 남겼다. 그는 다산초당을 지어 그곳에서 제자를 가르치고 『목민심서』 같은 훌륭한 책을 많이 저술했다.

정약용이 유배 시절 지은 책 가운데 『흠흠신서』라는 책이 있다. '흠흠(欽欽)'이란 조심하고 또 조심한다는 의미. 뭘 그리 조심하고 또 조심하라는 것일까? 바로 범죄를 수사하고 판결하는 관리는 억울한 백성이 발생하지 않도록 조심하고 또 조심해서 다루어야 한다는 의미다. 정약용은 암행어사 활동과 오늘날 법무부 고위 관리 격인 형조 참의로 있으면서 수사와 판결의 문제점을 직접 체험했다. 그래서 새로 관리가 될 사람들이 수사와 판결할 때 실수하지 않도록 교육하기 위해 『흠흠신서』를 저술했다. 유배라는 중대한 형벌을 받는 중에 형벌에 관한 책을 쓰다니, 참으로 흥미롭다.

❷ 태, 장, 도, 유, 사

조선의 형벌은 명나라 법전 『대명률』에 따랐는데 그것에 의하면 다섯 가지 형벌이 있었다. 태형, 장형, 도형, 유형, 사형.

태형과 장형은 비교적 가벼운 범죄자에게 벌을 줄 때 시행한다. 태형은 10대에서 50대, 장형은 60대에서 100대까지 친다. 볼기를 치는 나무는 물

푸레나무로 만든 형구를 사용했다. 사극에서 흔히 보는 곤장은 일반인 형벌에 쓰이지 않고 주로 군대에서 죄인을 형벌할 때 쓰였다.

도형은 죄인을 붙잡아 가둔 뒤 힘든 일을 시키는 형벌. 오늘날 징역에 해당한다. 비교적 중형에 해당하는 범죄를 저지른 경우 시행한다. 구금 기간은 1년, 1년 반, 2년, 2년 반, 3년, 다섯 가지 유형이 있다. 옥살이는 무척 괴로운 형벌이었다. 정약용이 "옥살이는 이승의 지옥"이라고 말할 정도. 칼이라는 형틀을 뒤집어쓰고 있는 고통, 형리에게 뇌물을 바쳐야 하는 고통, 질병, 추위, 배고픔 따위의 고통이 따른다. 그래도 도형은 풀려날 희망이 있다는 점에서 유형보다는 덜 고통스럽다고 할 수 있다.

유형은 흔히 '귀양 간다'고 하는 그 형벌로, 먼 지방으로 보내 죽을 때까지 그곳에서 살게 하는 벌이다. 매우 중한 범죄자에게 가해진다. 유형은 거리에 따라 2,000리, 2,500리, 3,000리 세 등급이 있는데, 중국에 비해 상대적으로 면적이 작은 우리나라에서는 정확한 거리에 따르기보다 멀리 보낸다는 의미로 적용했다. 유배의 종류는 유배지에 있는 일정한 장소를 지정하고 유폐시키는 안치와 유배 거주지 주위에 가시가 있는 탱자나무를 심어 밖에 나오지 못하게 하는 위리안치 두 가지 유형이 있다. 대표적인 유배지로는 험하기로 이름난 함경도의 삼수와 갑산, 거제도, 진도, 추자도, 제주도 같은 섬 등이 있다.

유배지에 거주지를 정하면 고을 수령은 집집마다 차례를 정해 유배자에게 먹거리를 제공하게 했다. 때론 고루 거두어 유배자가 거주하는 집 주인에게 전달하기도 했다. 유배자는 고을의 골칫거리였다. 그래서 중앙 정계로 복귀할 가망이 없는 유배자는 멸시와 모욕을 당했다. 반면 언제든 정계에 복귀할 가능성이 있는 유배자는 후한 대접을 받았다. 유배형은 원칙적으로 종신형이기 때문에 유배자는 가족과 떨어져 언제 죽을지 모르는 막연한 고통 속에서 생활해야 했다.

강진 정약용 유적 ⓒ 문화재청
다산 정약용은 1801년부터 1818년까지 전남 강진에서 유배 생활을 하는 동안 두 아들에게 가
르침의 편지를 보내고 『목민심서』, 『흠흠심서』 등 훌륭한 책을 집필했다.

❸ 가장 참혹한 형벌은?

　　조선 시대 형벌의 끝은 사형이다. 역모나 반역을 한 중죄인이 받는 형벌
이다. 사형에는 교형과 참형이 있다. 교형은 목을 매달아 죽이는 것이고 참
형은 목을 자르는 것. 유교 사회에서 신체를 훼손하는 것이 가장 치욕적이
고 중한 형벌이므로 교형보다 참형이 더 무거운 형벌이라 할 수 있다. 참형
보다 더 큰 형벌은 효수였다. 효수란 잘린 목을 긴 장대에 매달아 길거리
에 전시하여 범죄 예방 효과를 노리는 형벌인데, 갑신정변을 일으킨 김옥
균을 중국 상하이에서 암살한 뒤 시신을 국내로 들여와 지금의 양화대교
부근 백사장에서 목을 잘라 효수했다. 참형보다 무섭고 참혹한 형벌이 있
다. 흔히 '능지처참'이라고도 하는 '능지처사'다. 능지처사는 신체와 목을 분
리하는 극형으로, 목과 두 팔, 두 다리를 각각 소에 묶어 신체에서 떼어
내는 잔인한 형벌이다. 이를 '거열형'이라고도 하는데 이렇게 하면 모두 여
섯 부분으로 신체가 나뉜다. '육시랄'이라는 욕이 여기에서 비롯되었다. 역
모 혐의로 처형된 『홍길동』의 저자 허균이 서울 서소문 밖 시장터에서 이
방법으로 처형되었다. 본래 '육시'라는 형벌은 시체의 목을 베는 것, 즉 부
관참시를 뜻한다.

조선 시대 때 범죄를 수사하고 판결하고 형을 집행하는 기관은 어디였을까? 서울과 지방이 달랐다. 지방은 지방 관아에서 수사와 판결을 내려 중앙에 보고했다. 서울에서는 포도청이 강도·살인 같은 형사사건을 맡았다. 수사가 미진할 경우 오늘날 법무부에 해당하는 형조가 나섰다. 역모 같은 중대 범죄는 오늘날 검찰청과 국가정보원을 합쳐 놓은 의금부가 맡았다. 뇌물 수수 같은 관리의 부정부패 사건은 감사원에 해당하는 사헌부가 수사했다.

우리나라 법무부 회의실이나 검찰청 로비에는 '오직 하늘만이 사람을 내고 또 죽이니 인명은 하늘에 매여 있다'로 시작되는 다산 정약용『흠흠신서』서문이 걸려 있다. 신중하게, 또 신중하게 수사하고 판결하여 단 한 사람도 억울함이 없도록 하라는 정약용의 가르침을 보면서 대한민국 검사들은 어떤 생각을 할까.

『흠흠심서』ⓒ 국립중앙박물관

『흠흠심서』 서문 ⓒ 국립중앙박물관

8

노다지를 찾아 금광으로

이른 아침 박 진사가 아들 인걸과 돌쇠를 사랑채로 불렀다. 문안을 받은 박 진사가 두 사람을 보며 말했다.

"지난번 칠패시장에서 소매치기 일당을 소탕하는 데 큰 공을 세웠다고?"

인걸과 돌쇠는 아무 대답 없이 머리만 조아렸다.

"그래, 다친 상처는 좀 어떠하냐?"

박 진사가 돌쇠를 보며 말했다.

"안방마님께서 약을 구해 주셔서 거의 다 나았습니다."

"애썼다. 그러잖아도 어제 주상 전하께서 너희를 칭찬하면서 또 상을 내리셨다. 인걸은 내년 정시 과거시험 말고 수시로 보는 시험에 응시할 수 있는 자격을 주셨고, 돌쇠는 내년 무과 응시 자격을 주셨다. 이게 다 누구 덕이라 생각하느냐?"

인걸이 웃음을 참으며 대답했다.

"일상 체험 기회를 주신 아버님 덕분인 줄 압니다."

인걸은 어이없지만, 어차피 답은 정해진 것이기에 그렇게 대답했다. 박 진사는 기분이 좋은 듯 껄껄 웃으며 봉서를 내밀었다. 인걸은 봉서를 받아 들고 사랑채를 나왔다. 북촌을 빠져나온 박 도령은 봉서를 뜯어 소리 내어 읽었다.

광명 가학산에서 덕대 김만복을 만나거라

박 도령이 이게 무슨 말이야, 하는 표정으로 돌쇠를 쳐다보자, 돌쇠는 자기도 모르겠다는 듯 고개를 갸웃했다.

"덕대가 뭔지는 모르지만 일단 광명 가학산으로 가 보시지요, 도련님."

두 사람은 용산으로 가서 배를 얻어 타고 한강을 건너 노량진에 닿았다. 그곳에서부터 부지런히 걸어 광명 가학산 아래 이르렀다. 가학산 아래 냇가에는 아침부터 강가에서 호미로 흙을 퍼다 바구니에 담아 뭔가를 골라내는 듯한 사람들로 북적였다. 인걸은 사람들에게 물어물어 덕대 김만복이라는 사내를 찾았다.

조선판 엘도라도, 사금 채취

"네가 인걸이구나. 더운 날씨에 고생 좀 하겠다."

김만복이 말했다.

"덕대 어른, 저희가 오늘 무슨 일을 하는 것인지요?"

인걸의 물음에 김만복이 대답했다.

"사금 캐는 일이란다. 저기 사람들 보이느냐? 저 사람들이 지금 사금을 캐고 있단다."

"사금이라면 강가에 묻혀 있는 황금 알갱이를 말하는 것 아닙니까?"

박 도령은 흥분한 표정으로 말했다.

"그렇지. 여기 있는 바구니와 호미를 들고 가서 한번 해 보거라. 혹시 아느냐. 재수 좋으면 금을 얻어 갈 수 있을지. 하하하."

장비를 받아 든 박 도령과 돌쇠는 강가로 가 사람들 틈에 섞여 사금을 캐기 시작했다. 냇가 바닥에 쌓여 있는 모래와 진흙을 바구니에 담은 뒤 흐르는 물에 일러 금 부스러기를 찾는 일이었다.

금을 채취하는 방법은 두 가지가 있다. 하나는 산에 묻혀 있는 금맥을 탐사하여 갱도를 파고 들어가 금광석을 채취하는 것이고, 또 하나는 금맥과 가까운 냇가에서 사금을 걸러 내는 방법이다. 조선 후기 일확천금을 꿈꾼 사람들은 너도나도 황금을 찾아 나섰다. 조선 전기에는 그렇지 않았다. 금광을 개발하는 것을 나라에서 엄격히 통제했기 때문이다. 국가에 필요한 금은 관영 금광에서 제한적으로 채취했는데, 그렇게 한 이유가 있었다.

첫째, 명나라에 대한 조공 부담 때문이었다. 예부터 조선에서 황금이 많이 난다는 말을 듣고 명나라는 금을 바치라고 집요하게 요구했다. 그러나 금광을 개발해 금을 채취하면 명나라가 더 많은 금을 요구할 것을 우려하여 조선은 금광 개발을 억제했다. 둘째, 농업을 지키기 위해서였다. 황금 맛을 본 백성이 너도나도 금을 캐러 나서면 산업의 80퍼센트를 차지하는 농업이 큰 타격을 받을까 염려했던 것이다.

조선 초 태종은 금을 바치라는 명나라에 "실은 조선에 황금이 생각보다 많이 묻혀 있지 않고, 백성 대부분이 농부이다 보니 금광을 개발할 여력이 안 된다"라고 변명했다. 세종은 아예 금광 개발을 금지했다. 성종은 금광 개발을 금지하되 대신 잘 보전해야 한다고 『경국대전』에 명시했다.

조선에서 금이 많이 나오는 건 사실이었다. 지금 전 세계에 남아 있는 고대 금관이 모두 13점인데, 그 가운데 7점이 신라 금관, 2점이 가야 금관이다. 그럴 정도로 예부터 한반도에서 금이 많이 생산됐다.

『동방견문록』을 지은 마르코 폴로는 "조선과 일본은 황금의 나라"라고 기록했다. 이렇듯 많은 금이 묻혀 있으니 언젠가는 드러나게 되고, 그것을 차지하려는 사람들 욕망을 억누르기 어려워졌다. 조선 후기 들어 조정은 할 수 없이 관영 금광 외에 개인이 금광을 개발하는 것을 허락해 주었다. 그러자 농토를 잃은 농부뿐 아니라 가난한 사람들, 그리고 부자들까지 너도나도 황금을 찾아 나섰다. 그때 풍경을 보여 주는 기록이 있다. 연암 박지원이 청나라에 다녀와 지은 『열하일기』에 이러한 대목이 나온다.

"1780년 청에 가던 중 평안도 박천에 이르렀을 때 짐을 꾸려 이고 지고 어디론가 가는 남녀가 많아 물어 보니 성천 금광에 가는 사람들이라고 했다. 끌, 포대, 바가지를 가지고 온종일 강가의 흙을 일면 먹고살수 있고, 재수 좋은 날이면 삽시간에 부자가 될 수도 있다고 한다."

그랬다. 농사를 짓는 것보다 금을 채취하는 것이 훨씬 덜 힘들고 이익이 많이 남았다. 정조는 이 같은 일이 퍼지면 농사에 해가 될까 하여 사금 채취를 몇 차례 금지했으나 "물이 아래로 흐르는 것처럼 이익을 좇는 인간의 욕망을 막을 수 없다"라는 신하들의 권고를 받아들여 결국 사금광 개발을 허락했다. 그러자 오늘 박 도령이 만난 김만복 같은 덕대들이 적극적으로 금광 개발에 나선 것이다.

덕대란 돈을 가진 물주에게서 자본을 끌어들이고 임금 노동자를 구해 금광을 개발하고 경영하는, 오늘로 치면 전문 경영인이다. 이들이 금광 개발권을 얻어 개발에 나서자 조선 팔도에 금광 개발이 활기를 띠었다. 조선 시대 대표적인 금광으로 평안도 운산 금광이 있는데, 그곳은 동양 최대 금광이었다. 이 밖에도 충청도 직산, 전라도 김제 금광이 유명했다. 훨씬 뒤의 일이지만 일제 강점기인 1930년대 초 일제가 개발한 금광이 전국에 3,000곳이 넘었다고 하니, 한반도에 얼마나 많은 금이 매장돼 있는지 짐작할 만하다.

한반도에 금이 많이 매장돼 있는 건 지질 때문이다. 한반도 지질의 50퍼센트 정도가 화강석인데, 그 화강석 속에 금이 박혀 있다. 하지만 금은 매우 희귀한 광물이어서 찾는 것이 그리 쉬운 일은 아니었다. 지금 인걸과 돌쇠도 열심히 강가의 흙을 퍼서 일러 보지만 여태 좁쌀만 한 금 쪼가리 하나 얻지 못했을 정도로.

어둡고 먼지 날리고 붕괴 위험마저

"오, 심 봤다!"

흐르는 물에 한참 동안 흙을 일던 박 도령이 흥분하며 우뚝 섰다. 과연 박 도령이 일던 바구니에 콩알만 한 황금 세 조각이 햇빛을 받아 반짝였다. 돌쇠가 부러운 듯 쳐다보았다.

"우와, 개이득입니다."

"개이득?"

"황금으로 엿 사 먹고 떡 사 먹을 수 있으니 모두 개(皆), 즉 '우리 모두 이득'이란 말이지요."

"돌쇠 형, 그만 해. 누가 딱풀이 형 아니랄까 봐."

한창 기분 좋게 농담을 주고받고 있는데 덕대 김만복이 두 사람을 불렀다.

"사금 채취는 이제 그만하고 나와 같이 저리 가 보자꾸나."

"어디로 말입니까?"

"가 보면 안다."

박 도령과 돌쇠가 김만복을 따라 한참 산으로 올라가니 산 중턱에 사람들이 모여 있었다. 덕대 아저씨가 박 도령과 돌쇠를 데리고 동굴처럼 보이는 입구로 안내했다.

"여기가 금광을 캐기 위해 갱도를 파기 시작한 입구다. 곡괭이랑 끌을 들고 따라오너라."

"그런데 덕대 어른, 여기 금광석이 있는지 어찌 아셨어요?"

박 도령이 묻자 김만복이 답했다.

"나는 나서부터 지금까지 저기 산 아랫동네 살았단다. 어려서부터 마을 어른들에게서 이 산에 금이 묻혀 있을 거란 얘길 듣고 자랐지. 금광이 여기 있는지 어찌 아느냐고? 저 아래 냇가에 사금이 나오잖니. 그 사금이 이 산에 묻혀 있는 금광석에서 떨어져 나온 걸로 추측한 거지. 하지만 금광을 개발하려면 막대한 자본이 필요하고, 금맥에 대한 지식도 있어야 해서 누구나 쉽게 달려들지 못했단다. 나는 금맥을 찾기 위해 금광 개발권을 획득한 뒤 돈과 인부를 끌어모아 금광을 개발하기 시작했지. 두고 봐라. 내 반드시 금맥을 찾고 말 테니."

김만복의 얼굴에 비장미와 들뜬 희망이 뒤섞여 있는 듯 보였다.

갱도를 따라 들어가자 고을에서 동원된 광군이 더 깊숙이 파 들어가기 위해 열심히 곡괭이질을 하고 있었다. 더러는 끌로 갱도 내 벽을 쪼고 있었다.

"너희도 한번 해 보거라. 바윗덩어리가 떨어질 수 있으니 조심하고, 혹시 금맥을 찾으면 즉시 내게 알려야 한다."

갱도 안은 어둡고, 쪼개진 바위가 불쑥불쑥 튀어나오고, 먼지가 자욱하여 무척 위험해 보였다. 돌쇠는 곡괭이로 바위를 부수고, 박 도령은 부서진 돌 조각을 포대에 담아 밖으로 날랐다. 박 도령에게 광군 체험은 이전에 했던 어떤 체험보다 어렵고 위험한 일이었다. 갱도가 무너지기라도 하면……. 그래도 혹시 금맥을 찾을 수 있지 않을까 하는 희망을 품고 몇 시간째 일했지만 금맥은커녕 금 조각 하나 발견하지 못했다. 박 도령과 돌쇠는 사금 채취한 것으로 만족해야 했다.

갱도에서 나와 보니 해가 저만치 서산으로 지고 있었다. 오늘 밤 안으로 집에 당도하려면 서둘러 출발해야 했다. 박 도령과 돌쇠는 김만복 아저씨에게 인사를 하고 가학산을 떠났다. 돌쇠가 빙글빙글 웃는 박 도령에게 물었다.

"도련님, 뭐 좋은 일이라도 있습니까?"

"있지. 오늘 캔 금으로 우리 누이 금가락지 만들어 줄 거야."

박 도령이 금처럼 얼굴을 밝게 빛내며 답했다. 누이란 말에 돌쇠는 아련한 추억에 잠겼다. 코흘리개 시절부터 한집에서 함께 뛰놀며 자란 아기씨, 몇 년 전 시집가서 얼굴 한 번 보기 힘든 아씨……. 돌쇠의 무거운 마음을 알 리 없는 박 도령은 싱글벙글 한양을 향해 앞서 걸어갔다.

열강의 이권 침탈장이 된 금광

금맥을 찾는 일은 로또에 비유할 만한 행운이지만, 외려 그것 때문에 조선은 큰 시련을 겪었다. 한반도의 금광을 누구보다 먼저 탐낸 나라는 미국이었다. 고종은 일본의 침탈 야욕을 견제하기 위해 미국을 이용하려 했는데, 어의 구실을 하던 미국인 선교사 알렌이 집요하게 운산 금광 채굴권을 요구하여 결국 1895년 평안도 운산 금광 채굴권을 획득했다. 미국은 중국과 말레이시아 노동자를 고용해 운산 금광 개발에 나섰는데, 조선인이 금맥을 만지려고 할 때 "노타치, 노타치!"라고 말하며 총을 쏘는 바람에 황금을 '노다지'로 부르게 되었다고 한다.

운산 금광

조선 후기 변화하는 산업

　　18세기 말부터 조선은 여러 부분에서 큰 변화를 겪었다. 농업에서는 한 사람이 넓은 농토를 소유하여 농사를 짓는 광작이 유행했다. 광작으로 농업을 경영하는 사람에게 토지를 잃은 농민은 도시로 나가 임금 노동자로 살거나 광산으로 가서 광부로 살았다.

　　상업에서도 변화가 일어났다. '도고'라는 상인이 나타나 시장을 좌우할 만한 위치로 성장했다. 도고란 매점매석하는 상행위, 또는 그런 상인을 말하는데, 막대한 부를 가진 도고는 시전 상인 세력을 위협할 정도였다.

　　또한 금과 은 개발권을 정부에서 허가하여 광업이 활발해졌는데, '덕대'라는 광산 전문 경영인이 출현했다. 덕대의 출현은 조선 후기에 이미 자본주의가 싹트고 있었다는 것을 보여 주는 한 증거다.

사금 채취 ⓒ 국립민속박물관

❶ 일제 강점기 황금광 시대

　미국 서부 해안가 도시 캘리포니아에서 금이 발견됐다는 소식이 미국 동부에 전해졌다. 그러자 사람들이 서부로 몰려들기 시작했다. 1849년 개척자들이 미국 서부 금 산지로 몰려간 사건을 '골드러시(gold rush)'라고 부른다. 미국의 골드러시로 서부 개척이 활발해지면서 캘리포니아, 로스앤젤레스, 샌디에이고, 샌프란시스코 등 대표적인 태평양 연안 도시가 번창하기 시작했다.

　골드러시가 북아메리카 신생국 미합중국에서만 있던 건 아니다. 캘리포니아에서 태평양 건너에 있는 한반도에서도 골드러시가 있었다. 그 시작은 골드의 맛을 알아버린 미국인에게서였다.

❷ 금광 개발의 뚜껑을 연 고종

　조선과 미국은 1882년 외교 관계를 맺었다. 이후 여러 서구 열강이 조선과 미국처럼 통상조약을 맺었다. 당시 고종의 최대 고민거리는 일본이었다. 1876년에 맺은 강화도조약을 계기로 일본은 노골적으로 조선을 침탈하려 했다. 고종은 어떻게든 일본으로부터 나라를 지키려 했다. 그때 고종의 눈에 미국이 들어왔다. 고종은 조카사위 민영익의 목숨을 구해 준 주치의 알렌에게 평안도

외국 자본이 개발하기 전 직산 사금광 모습. 수작업으로 금을 캤다. ⓒ 서울역사아카이브

운산 금광 개발권을 주었다. 고종이 순전히 고마워서 그런 게 아니었다. 미국은 이전부터 조선에 금광이 많다는 걸 알고 집요하게 금광 개발권을 요구했다. 알렌의 노력으로 1895년 미국은 조선으로부터 평안도 운산 금광 채굴권을 획득했다.

이 소식을 들은 다른 서구 열강도 조선에 금광 채굴권을 요구했다. 고종은 그들에게 금광 개발권을 넘겨주었다. 1896년 러시아에 함경도 경원 종성 금광, 1898년 영국에 평안도 은산 금광, 같은 해 독일에 강원도 당현 금광, 1900년에는 일본에 충북 직산 금광, 1901년 프랑스에 평안도 창성 금광 채굴권을 넘겼다. 서구 열강 및 일본은 황금의 나라 조선 금광에서 금을 채취해 막대한 이득을 얻었다.

❸ 조선에 불어닥친 골드러시

조선에 본격적인 골드러시가 시작된 건 일제 강점기 때였다. 일제는 조선에서 황금 노다지를 캐는 데 열을 올렸다. 박 도령이 광부 체험에 나선 광명의 가학 광산은 1912년 개발되기 시작해 1970년대까지 금을 채취하던 금광이었다. 그곳에서는 금뿐 아니라 은과 동도 채굴했다. 일제는 수도권 최대 금광이던 가학 광산에서 채취한 금과 은을 일본으로 실어 날랐다.

강원도 정선의 천포 광산도 금광으로 유명했다. 1922년부터 20여 년간 금 채굴이 이루어졌는데 연간 2만 2,000그램의 금이 생산돼 전국에서 5위에 해당할 만큼 많은 금이 생산됐다. 강원도 정선의 산촌이 금을 찾아온 외지인으로 북적였다. 금 채굴이 한창일 때는 정선 시내보다 금광이 있는 그 산골이 더 경제가 활성화됐을 정도.

1930년대는 말 그대로 '황금광 시대'였다. 광물의 광(鑛)이 아니라 미칠 광(狂) 자를 쓸 만큼 황금에 미친 시대였다. 이유가 있다. 일제가 대대적인 금광 개발을 통한 금 수탈에 나섰기 때문이다. 1931년 일제는 만주사변을 일으켜 만주를 차지했다. 앞으로 있을 중국과의 전쟁을 위해서 더 많은 군수품이 필요했는데, 군수품 구매의 결제 수단이 금이었다.

일제 강점기에 금 수탈이 가장 심한 곳은 전라북도 김제였다. 김제에는 금광 아홉 개와 더불어 수많은 사금 채취 지역이 있었다. 김제에서 채취된 금은 전국 생산량의 30퍼센트에 해당할 정도였다. 일제는 김제에서 채굴한 금광석을 장항에 있는 제련소로 보내 제련한 뒤 군산항을 통해 일본으로 실어 갔다.

김제보다 더 많은 금이 채굴된 광산은 충남 청양군에 있는 구봉 광산이었다. 구봉 광산은 한때 우리나라 금 생산의 60퍼센트를 차지할 정도로 많은 금이 생산되었다.

광명 가학 광산 선광장
선광장에서는 채굴된 광석을 잘게 깨어 분류,
선별했다. ⓒ 경기관광포털

청양 구봉 광산
충청남도 청양군은 잠정 폐광 상태인 구봉 광산
을 골프장으로 개발한다는 계획이다. ⓒ 한국민
족문화대백과사전

❹ 나도 한번 황금 부자가 돼 보자

1930년대 불어닥친 황금광 열풍은 황금부자를 낳았다. 금광 개발로 벼락부자가 된 대표적인 인물로 최창학과 방응모가 있다. 최창학은 금광을 개발해 조선 제일 부자가 되었다. 그는 일제에 비행기를 헌납하는 등 친일 행각을 벌이기도 했지만 잘한 일도 있다. 서울 서대문에 별장을 지어 해방

후 임시정부가 돌아오자 김구에게 그 별장을 내주었다. 죽첨정이던 그곳은 '경교장'으로 이름이 바뀌어 김구의 집무실 겸 숙소로 이용되었다.

방응모는 평안도에서 신문 지국을 운영하던 사람이었다. 그런데 마흔이 넘은 나이에 금광 개발에 뛰어들어 큰 부자가 되었다. 그는 금광을 개발해 번 돈으로 경영난에 허덕이던 조선일보를 인수했고 그의 후손이 오늘날에도 신문사를 운영하고 있다.

금광 개발과 투기 열풍 소식이 연일 신문 1면을 장식하고 금광 개발 분쟁과 그로 인한 살인 사건이 심심치 않게 보도되었다. 이러한 조선의 황금광 열풍은 1940년대 들어서며 식기 시작했다. 그때는 제2차 세계대전이 한창인 시절이었다. 일제는 1941년 하와이 진주만의 미군 함대를 기습 공격해 태평양전쟁을 일으켰고, 미국은 일본이 금을 준대도 군수품을 팔지 않았다. 일제는 산금장려 정책을 백지화했다. 그로 인해 10년 동안 온 조선 반도를 휘몰아쳤던 황금 열풍이 사그라들었다.

서울 경교장 정면

서울 경교장 내부

9

낭독의 달인 전기수
살인 사건의 전말

인걸과 돌쇠가 아침 문안을 위해 사랑채 문을 열고 들어서자 박 진사는 보던 책을 황급히 덮더니 서안(책상 용도로 사용된 좌식 탁자) 아래로 내리며 두 사람을 맞았다.

"왔느냐? 인기척을 하지 않고. 허험."

그 모양이 낯선 인걸은 문안을 마치고 아버지께 여쭈었다.

"무슨 책을 보시길래 그리 황급히……."

"너는 알 것 없고. 그래, 너희들 시험 준비는 잘하고 있겠지? 오늘은 머리도 식힐 겸 오랜만에 가벼운 일상 체험을 다녀오거라."

말을 마친 박 진사는 늘 그랬듯이 인걸에게 봉서를 건넸다.

봉서를 받아 들고 돌아 나오며 인걸은 오늘 아버지가 좀 이상하단 생각을 했다. 그러고 보니 요 며칠 규장각 출입도 안 하시고 집에만 계시는 것도 수상했다. 박 진사에게 무슨 일이 있는 걸까? 고개를 갸우뚱하며 사랑채를 빠져나오는데, 안채에서 아리따운 아가씨가 방긋 웃으며 다가왔다.

"어, 누이! 언제 왔수?"

인걸이 환한 얼굴로 인사했다.

"어젯밤 늦게. 너 보려고 왔어. 호호호."

"잘 왔수. 그러잖아도 누이 금가락지 만들어 주려고 내가 사금을 캐 왔지. 하하."

"어머니께 얘기 들었어. 요즘 일상 체험 다닌다지. 이 누이도 함께 가면 안 되겠니?"

"안 돼요. 도둑 잡고, 똥 푸고, 금맥 캐고, 얼마나 일이 고된데요. 내일 마치고 누이 좋아하는 떡 사다 드릴 테니 집에서 기다려요."

인걸이 좋아하는 누이였다. 장남인 형과는 나이 차가 많이 나 그리 친하게 지내지 못했지만 세 살 터울인 누이와는 무척 친하게 지냈다. 그런 누이가 3년 전 개성으로 시집가서 잘 사나 싶었는데, 남편이란 자가 열등감이 크고 성질도 사나워 누이를 몹시도 괴롭게 하더니, 왜 아들을 못 낳느냐며 구박해서 친정으로 쫓아냈다. 인걸은 그런 사정도 모르고 몇 년 만에 좋아하는 누이 얼굴 본 것만 기쁠 뿐이었다.

"누이, 내 빨리 다녀올게. 가지 말고 기다려."

남매가 이야기를 나누는 동안 아씨 얼굴을 바로 쳐다보지 못한 돌쇠는 벌개진 얼굴을 하고 앞장서 집을 나섰다. 북촌을 빠져나온 박 도령이 봉서를 뜯었다.

동문 밖 전기수를 만나거라

박 도령은 알 수 없다는 듯 짧은 한숨을 내쉬었다.

"동문 밖 전기수라……. 이건 뭐 한양에서 김 서방 찾으라는 격이군. 전기수란 분이 어떤 양반인지 알아야 찾지."

돌쇠는 글쎄요, 하며 여전히 머뭇머뭇하는 게 영 이상해 보였다.

"형, 오늘 왜 그래? 형답지 않게. 뭐야, 얼굴은 또 왜 빨개진 거야?"

그래도 돌쇠는 답을 못하고 머리만 긁적거렸다. 북촌을 빠져나와 운종가로 접어든 두 사람은 동대문을 향해 걸어갔다.

전기수 구술 4원칙

　동문을 빠져나온 박 도령은 마을 사람을 붙잡고 혹시 전 자, 기 자, 수 자를 쓰시는 양반이 어디 사느냐고 물었다. 하지만 누구 하나 선뜻 대답하는 이 없이 고개만 저을 뿐이었다. 그렇게 한참을 보내는데, 웬 아낙네가 "전기수는 사람 이름이 아니고 책을 읽어 주는 사람이우. 저기가 전기수 정 서방네 집이니 저리로 가 보시우." 하고 일러 주었다.

　그렇다. 전기수는 사람 이름이 아니라 기이한 이야기를 낭독하는 사람을 뜻한다. 한마디로 책 읽어 주는 남자라고 할까. 조선 후기 들어 소설이 유행하면서 요즘 사람들이 유튜브를 보는 것처럼 너도나도 소설 읽기에 빠졌다. 글을 몰라 책을 읽지 못하는 사람이나 돈이 없어 책을 빌려 읽기 어려운 사람들을 위해 저자나 다리 밑에서 책을 읽어 주는 전기수가 큰 인기를 누렸다. 조수삼이 지은 『추재집』 기이편에 전기수에 관한 내용이 자세히 나와 있다.

　"전기수는 동문 밖에 살았다. 『숙향전』, 『심청전』, 『설인귀전』 같은 전기를 구술했다. 월초 1일은 청계천 첫째 다리 밑에 앉고, 2일은 둘째 다리 밑에 앉고, 3일은 배오개, 4일은 교동, 5일은 대사동 입구, 6일은 종루 앞에 앉는다. 이렇게 거슬러 오르다가 7일째부터는 그 길을 따라 내려온다. 책을 재미있게 읽어 주기 때문에 그 주위에 들으려는 사람이 빙 둘러싼다."

　박 도령이 찾던 사람이 바로 그 전기수였던 것이다. 전기수 정 서방네 집에 다다랐을 때 마침 정 서방은 집에 있었다. 박 도령이 찾아온 사정을 말하자 정 서방이 껄껄 웃었다.

"어서 오너라. 박 진사께 얘기 들었다. 한데 대감께서는 소설 때문에 그리 곤욕을 치르시고 어찌 자식에게까지 전기수 체험을 시키시는지, 참 알다가도 모를 일이구나."

"아버지께서 곤욕을 치르시다니요?"

전기수는 몰랐느냐는 표정을 짓더니 말했다.

"얼마 전 박 진사께서 숙직 날 소설을 읽다가 정조 임금께 걸려 반성문을 쓰고 열흘 간 집에서 근신하라는 벌을 받으셨는데……." 하고는 말끝을 흐렸다.

그 말을 듣는 순간 박 도령 머리에 휙, 하고 지나가는 게 있었다. 오늘 아침 문안을 갔을 때 황급히 책을 숨기시던 거며, 요 며칠 규장각 출근을 안 하신 이유가? 박 도령은 어이없다는 듯 헛웃음을 터뜨렸다. 아버님도 참.

"어찌하였든 이리 왔으니 책을 어떻게 읽어야 인기를 얻고 돈도 많이 벌 수 있는지 알려 주마. 이건 내가 십수 년 경험으로 터득한 것이니 유념하도록 하거라. 그 전에 오늘 네가 읽어 줄 소설을 하나 정해야겠다. 비교적 짧고 재미도 있는 『춘향전』이 어떨까 싶은데. 시간을 줄 테니 어서 소설을 다 외도록 하여라."

읽는 것도 아니고 외우라니, 박 도령은 눈앞이 깜깜해졌다. 그래도 어찌어찌 외워 정 서방 앞에서 읽는 훈련을 하는데, 정 서방은 아니, 아니 하며 손을 가로저었다.

"그렇게 읽으면 안 되고. 들거라. 전기수 3대 수칙을 알려 주겠다. 첫째, 그리 밍밍하게 읽지 말고 읊조리듯, 노래하듯 읽어라! 둘째, 머리로 말고 가슴으로 외워라! 셋째, 눈길과 표정, 자세를 청중에게 맞춰라! 앞에 있는 청중과 눈을 맞추고, 슬픈 대목은 슬픈 표정, 기쁠 땐 기쁜 표정으로 실감 나게 연출하거라. 알겠느냐?"

시간이 얼마나 지났을까, 박 도령이 의외로 배우의 재질이 있는지 얼추 전기수 비슷한 목소리를 내기 시작했다. 준비를 마치고 거리로 나가려 할 때 전기수가 박 도령에게 당부했다.

"마지막으로 가장 중요한 원칙이 있느니라. 책을 읽다가 사람들이 다음 장면을 듣지 않고는 못 배길 정도로 무척 긴요한 대목에 이르거든, 입을 꾹 다물거라."

"입을 다물라고요? 아니, 왜 그리해야 합니까?"

"그리해야 다음 이야기를 듣기 위해 사람들이 돈을 낼 게 아니냐."

이것이 바로 전기수가 돈을 버는 요전법이다. 박 도령은 알겠다는 듯 고개를 끄덕였다.

"한데 선생님, 일상 체험은 저와 돌쇠 형이 늘 함께 해왔는데, 오늘은 돌쇠 형이 할 일이 없는 것 같습니다."

"걱정하지 말거라. 내 돌쇠가 할 일을 일러두었느니라. 자, 그럼 오늘은 여섯째 날이니 종루 앞으로 나가 볼까? 내가 일러 준 원칙을 꼭 명심하도록. 알겠느냐?"

소설 전성시대 속으로

사람들이 구름처럼 몰려다니는 종루 앞. 일일 전기수 박 도령이 두루마기 받쳐 입고, 정자관 쓰고, 한 손엔 책, 한 손엔 부채를 들고 책 읽을 준비를 마치자, 돌쇠가 "저기 전기수가 나타났네." 하며 바람을 잡았다. 정 서방은 멀찍이 서서 박 도령 하는 양을 바라보고 서 있었다. 박 도령은 있는 표정 없는 표정 다 지어 가며 춘향이, 향단이 성대모사 해 가며 열심히 이야기를 들려주었다. 한데 어째 박 도령 앞에 둥글게 둘러선 사람들 표정이 맹맹했다. 맹맹하다 못해 냉랭한 것 같았다. 급기야 여기저기서 볼멘소리가 터져 나왔다.

"거, 되게 재미없네. 무슨 춘향이 목소리가 저 모양이야!"

"뭐 저런 새파란 전기수가 다 있어. 집어치워라!"

가뜩이나 더운 한낮에 그런 비난을 들으니 박 도령 이마에 식은땀이 주르륵. 청중에 섞여 있던 돌쇠가 바람을 잡는답시고 "아직 전기수 입이 덜 풀린 듯하니 조금만 더 들어 봅시다." 하며 청중을 둘러보았다.

박 도령은 아까 전기수가 일러 준 원칙을 떠올렸다. 박 도령은 심기일전하여 춘향은 진짜 춘향처럼, 이몽룡은 진짜 이몽룡처럼 너스레를 떨며 이야기를 풀어 나갔다. 그제야 청중이 다시 박 도령 입을 쳐다보기 시작했다. 이야기는 마침내 춘향과 이몽룡이 처음 사랑을 나누기 직전에 다다랐다. 박 도령은 "이때 몽룡이 춘향의 저고리 옷고름을 풀려고 ……." 하더니 입을 꾹 닫아 버렸다.

숨죽여 이야기를 듣고 있던 사람들 표정이 일그러졌다. 어떤 사람은 얼굴이 붉으락푸르락 분위기가 심상치 않았다.

"뭐요? 빨리 그다음 이야기로 가야지."

그래도 박 도령은 딴청을 피우며 부채질만.

"거 참, 궁금해 미치겠네. 어서 돈을 던집시다."

돌쇠가 박 도령 앞에 엽전 두 잎을 챙그랑 던졌다. 그러자 사람들이 너도나도 돈을 던지기 시작했다. 엽전이 제법 봉긋하게 쌓인 걸 확인한 박 도령이 다시 입을 열어 이야기를 이어갔다.

"변 사또 말하길, 니가 이래도 내 수청을 거절할 테냐 하며 춘향의 볼기를 치려 하는데,"

박 도령이 부채를 들어 볼기를 내려치는 시늉을 할 때였다. 청중 속에서 웬 사내가 "변학도, 네 이놈!" 하며 몽둥이를 들고 박 도령에게 달려들었다. 미처 피할 틈도 없이 몽둥이가 박 도령 왼쪽 어깨에 내리꽂혔다.

"어이쿠!"

박 도령이 주저앉으며 어깨를 감싸 쥐었다. 앞줄에 있던 돌쇠가 달려들어 몽둥이 주인을 힘으로 짓눌렀다. 소란 끝에 박 도령은 암행어사 출두요, 하는 소리와 함께 어찌어찌 구술을 마쳤다.

어느덧 해가 서대문 쪽으로 지고, 전기수 정 서방이 애썼다며 오늘 번 돈을 박 도령에게 주었다.

"놀랐느냐? 나도 놀랐다. 돌쇠 아니었으면 어쩔 뻔했느냐. 얼마 전 담배 가게 앞 전기수 살인 사건 때문에 걱정되어 돌쇠에게 어찌하라고 일러두었기를 다행이지, 하마터면 큰 봉변을 당할 뻔했구나."

박 도령은 괜찮다는 듯 웃었다.

"그런데 선생님."

박 도령이 전기수를 보며 말했다.

"제가 오늘 전기수 노릇을 하는 중에 한 가지 좋은 생각이 떠올랐습니다."

정 서방이 어서 이야기해 보라는 듯 박 도령을 바라보았다.

"결정적인 장면에서 이야기를 뚝 끊고 돈을 내게 하는 요전법 있지 않습니까?"

"있지."

"제 소견으로는 그때 청중에게서 돈을 얻어 내지 말고 다른 방법을 쓰면 어떨까 하는 생각을 했습니다."

"다른 방법?"

"이야기를 끊은 뒤 시전 상인의 점방을 소개하는 겁니다. 운종가 최고 비단 점방 춘향주단으로 오시오, 값싸고 질 좋은 명주를 완비하고 있소이다, 하면서요. 대신 소개비 조로 그 점방 주인한테 광고 협찬금을 받는 거지요. 그리하면 시전 상인은 자기 점방 알려서 좋고, 전기수는 사람들한테 욕 안 먹어서 좋고, 청중은 돈 안 내서 좋고, 누이 좋고 매부 좋은 방법이 아닐는지요."

팔짱을 낀 채 이야기를 듣던 전기수 정 서방은 무슨 생각을 하는지 잠시 눈알을 빠르게 굴렸다.

오늘날 티브이 드라마 앞뒤 혹은 중간에 광고를 넣는 게 박 도령에게서 비롯된 것인지 알 수 없으나 박 도령은 자기 생각이 꽤 괜찮은 아이디어라고 여겼다.

글을 읽지 못하는 사람을 위해, 책을 빌려 읽을 돈이 없는 사람을 위해 소설을 읽어 주는 전기수는 조선 후기 엔터테이너이자 지식 전달자이자 문화 전파자였다. 전기수 덕에 소설 읽기의 즐거움을 누리는 사람이 늘어났다.

연신 뻐근한 어깨를 만지며 집으로 돌아가는 길. 박 도령은 뭔가 이상하다는 듯 걸음을 멈추고 섰다.

"딱풀이 형, 이상하지 않아?"

"뭐가요?"

"왜 나는 일상 체험만 나오면 몽둥이찜질을 당하지? 마치 누가 설계해 놓은 것처럼."

"설계해 놓다니요, 그럴 만하니 그런 거겠지요."

인걸은 돌쇠를 형이라 부르며 반말을 하고, 돌쇠는 박 도령에게 존대하는 이상한 두 사람의 대화가 끊기고, 박 도령은 뭔가 생각난 듯 세책점(조선 시대 책 대여점) 앞에 멈춰 섰다.

"왜 그러십니까?"

"누이가 심심하다고 책 좀 빌려다 달래. 요즘 인기 있는 소설 『별당아씨의 첫사랑』이라나 뭐라나."

누이 이야기에 다시 돌쇠 얼굴이 지는 노을처럼 벌겋게 물들었다.

정조 14년인 1790년 어느 날. 운종가에 있는 한 담배 가게 앞에서 책을 낭송하던 전기수가 살해되는 사건이 일어났다. 어쩌다 그런 일이 벌어진 걸까. 그날도 전기수는 있는 목소리 없는 목소리 다 내 가며 『임경업전』을 들려주고 있었다. 임경업 장군이 간신 김자점의 모함에 빠져 목숨을 잃게 되는 대목에 이르렀을 때였다. 청중 속에서 갑자기 웬 사내가 담배 썰던 칼을 들고 "네 이놈 김자점!"하며 전기수에게 달려들어 전기수를 찔렀다. 전기수는 그만 목숨을 잃고 말았다. 『정조실록』과 실학자 이덕무가 지은 『아정유고』라는 책에 실린 내용인데, 정조는 사건을 보고 받고 "어찌 그리 허무한 죽음이 있는가"라며 안타까워했다. 소설 읽는 신하를 파직하기까지 할 만큼 소설을 나쁘게 여긴 정조이니 소설에 빠져 살인을 저지른 사람이 얼마나 어처구니없었을까.

조선 말기 풍속화가 기산 김준근의
'소리하는 모양'. ⓒ 한국학중앙연구원

책 유통업자 책쾌

조선 시대에는 민간 서점이 없고 책을 유통하는 시장도 없어서 새 책을 구해 보기가 쉽지 않았다. 그런데도 책을 향한 욕구는 갈수록 늘어났다. 이런 갈증을 해소해 준 사람이 책쾌다. 책쾌는 책을 사려는 사람과 팔려는 사람을 연결해 주고, 청나라에서 수입해 온 책을 판매하는 책 외판원이자 새 책을 소개하는 책 마케터였다. 책쾌 덕분에 조선 후기 지식인은 청에서 인기 있는 책과 서학에 관한 책을 구해 읽을 수 있었다. 책쾌는 조선 후기 지식인에게 성리학 외의 책을 유포하여 사회 변화를 가져오게 하는 한편 민간이 펴낸 방각본 소설을 양반댁 마나님이나 평민에게 보급하는 중요한 역할을 했다.

벽장문 책가도
책, 벼루, 먹, 붓, 꽃 등 방 안에서 쓰는 물건을 벽장문에 그려 장식하곤 했다.
ⓒ 국립민속박물관

❶ 조선의 출판문화와 서점

우리 민족의 인쇄, 출판 수준은 세계 최고다. 뛰어났다는 의미이기도 하지만 세계에서 가장 오래됐다는 의미에서 최고(最古)라는 뜻이다. 신라 경덕왕 10년인 751년 목판 인쇄물 『무구정광대다라니경』이 인쇄됐다. 『무구정광대다라니경』은 불국사를 중건하며 석가탑을 세울 때 봉안한 불경으로 세계에서 가장 오래된 목판 인쇄물이다. 나무판으로 찍는 목판 인쇄물만 최고일까? 아니다. 금속활자도 최고다.

세계 최초의 금속활자 인쇄본은 고려말인 1377년에 제작된 『직지심체요절』이라는 불경이다. 서양 최초로 금속활자 인쇄에 성공한 구텐베르크보다 몇십 년 앞선 일이다. 이렇듯 인쇄 기술 전통을 지녔음에도 책을 대량으로 인쇄하지 못한 한계는 있으나 어쨌든 우리 선조가 책을 어떻게 찍어서 보급할까를 두고 세계 그 어떤 민족보다 일찍, 깊이 고민한 건 사실이다. 그렇다면 그런 전통을 이어받은 조선에서는 어떻게 책을 만들고 어떻게 유통했을까?

세계에서 가장 오래된 금속활자 인쇄본 『직지심체요절』 표지

세계에서 가장 오래된 금속활자 인쇄본 『직지심체요절』 내지

❷ 책을 인쇄하는 몇 가지 방법

조선 시대 이전에도 그랬지만 조선 시대에는 크게 세 가지 방법으로 책

을 인쇄하고 출판했다. 먼저 필사. 베껴 쓰는 걸 말한다. 필사는 누구나 마음만 먹으면 할 수 있는 방법으로 비용이 적게 든다. 그러나 한 권 필사해서 책으로 만들면 같은 책을 더 필사하고 싶은 마음이 사라지는 단점이 있다.

두 번째는 목판 인쇄. 나무 도장을 생각하면 된다. 목판 인쇄는 한 판만 만들어 놓으면 반영구적으로 인쇄를 계속할 수 있지만 한 가지 책만 인쇄할 수 있다. 팔만대장경이 목판 인쇄물이다. 목판 인쇄의 단점은 비용이 많이 들고 보관이 어렵다는 점이다.

세 번째는 금속활자본. 내용에 맞게 금속으로 된 활자를 하나하나 골라 조판하면 대량으로 인쇄할 수 있다. 글자만 바꿔서 조판하면 다양한 종류의 책을 찍어낼 수 있다. 금속활자 인쇄는 국가 주도로만 가능했으며, 금속활자본으로 책을 인쇄할 경우 200~300부 정도 제작했다. 금속활자본으로 인쇄한 책을 각 지방에 내려보내면 지방의 군현에서 목판에 새겨 다시 인쇄하는 시스템으로 책을 출판하기도 했다.

❸ 조선의 민간 출판 방각본

조선에서 책의 출판은 관에서 주도했다. 이를 관청에서 인쇄한 책이라 하여 '관각본'이라 한다. 때론 사찰에서 불경을 인쇄했는데 이는 '사찰각본'이라고 한다. 개인 문집 등 개인이 출판한 출판물은 '사각본'이라고 한다. 이 세 가지 출판물은 상업적 유통을 목적으로 하지 않는다. 그렇다면 오늘날 출판사처럼 책을 만들어 팔기 위한 상업 출판은 없었을까? 있었다.

상업적 목적으로 출판한 책을 '방각본'이라고 한다. 오늘날 출판사가 편집, 디자인해 만드는 것과 같다. 언제부터 방각본을 제작했는지를 두고는 의견이 여럿 있지만 대체로 임진왜란이 일어나기 전인 16세기 중엽에 이미 방각본 출판이 이루어졌다고 본다. 그리고 전쟁 통에 출판이 마비되었다가 전쟁이 끝난 후 다시 방각본이 만들어져 유통되었다. 조선 후기인 18세기 들어 『구운몽』, 『임경업전』, 『숙향전』 등의 국문 소설이 출간되면서 방각본 출판이 활기를 띠었다.

방각본은 어떤 방법으로 인쇄했을까? 금속활자는 국가에서 독점하는 인쇄 방식이었으므로 방각본은 주로 목판 인쇄로 출판되었다. 방각본 출판이 활성화, 보편화 되기에는 한계가 있었다. 그 이유는 값비싼 비용 때문이다. 목판 한 장을 제작하는 데 쌀 다섯 가마 정도의 비용이 들었다. 이렇게 많은 비용이 들다 보니 방각본은 내용을 생략하거나 축약하여 20장 내외로 제작하는 게 일반적이었다. 민간에서 주도한 방각본은 지식과 즐거움을 대중적으로 확산한데 그 의의가 있다.

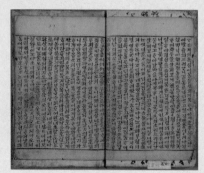

『홍길동전』 ⓒ 국립중앙박물관

❹ 어디에서 책을 살까

18세기 한 방각본 출판 업자가 따끈따끈한 신간을 출판했다. 그럼 이제 책을 팔아야 할 텐데, 그렇다면 어디를 찾아가야 할까? 오늘날 출판사는 당연히 서점에 책을 넘겨서 독자들이 서점에서 책을 사도록 한다. 그런데 조선에는 민간 서점이 많지 않았다.

유희춘이라는 선비가 임진왜란 전후 자기가 겪은 일을 중심으로 쓴 『미암일기』에 "어느 책쾌 집에 가면 시가보다 훨씬 저렴한 가격에 책을 판다더라. 한번 가 봐야겠다"라는 내용이 나온다. 그러니까 책쾌라는 사람이 책을 팔았다는 얘기다. 책쾌는 조선의 도서 유통업자였다.

책쾌에게 책을 사면 책값이 비쌌다. 책값에 부담을 느낀 사람들은 어떻게 했을까? 책 대여점에서 빌려 읽었다. 그곳을 '세책점'이라고 한다. '세'를 받고 '책'을 빌려주는 '서점'이란 뜻이다. 세책점은 18세기 이후 국문 소설과 창작 소설이 활발히 출판되면서 활기를 띠었다.

세책점의 주요 고객은 글을 아는 양반댁 부녀자들이었다. 세책점은 책을 빌려주기만 한 게 아니라 기획과 출판 유통까지 했다. 오늘날 출판사와 서점 역할을 동시에 한 것이다. 세책점에서는 주로 중국과 우리 소설을 빌려주었는데, 돈을 더 벌기 위해 한 권 분량을 여러 권으로 나누어 필사해 엮었다. 결정적인 장면에서 딱 끊고 다음 권으로 넘기는 기술은 기본.

부녀자들은 이야기 맛에 푹 빠져 큰돈을 쓰기도 했다. 정조 때 영의정을 지낸 채제공은 『번암집』에서 "부녀자가 비녀나 팔찌를 팔거나 빚을 내면서까지 다투어 책을 빌려 읽으며 그것으로 하루를 보냈다"라며 개탄했다. 드라마 좋아하고, K-드라마 열풍을 만든 우리나라 사람들이 괜히 그런 게 아닌 듯하다.

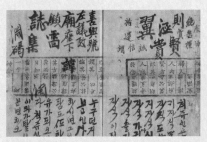 

세책점 소설책 ⓒ 국립중앙박물관   세책점 소설책 ⓒ 교토대학교

10

한양의 부동산 정보가
내 손안에 있소이다

박 도령의 일상은 여전히 바쁘게 돌아갔다. 낮에는 성균관에 가서 공부하고 밤이면 아버지에게 거문고를 배웠다. 친정에 쫓겨 온 누이는 무슨 창을 한다, 가락을 읊는다, 즐겁기만 했다. 추수하랴, 훈련원에 나가 과거 준비하랴 돌쇠도 돌쇠 나름으로 바쁘긴 매한가지. 그런 중에도 일상 체험의 날은 왔다.

인걸이 문안차 박 진사의 사랑채 문을 열고 들어서자 박 진사는 읽던 책을 또 황급히 덮으며 인걸을 맞았다. 문안을 마친 인걸이 박 진사에게 궁금하다는 듯 물었다.

"아버님, 무슨 서책을 읽으시길래 그리 황급히……."

"별거 아니다."

박 진사는 아무 일 아니라는 듯 짐짓 근엄한 표정을 지었다.

아버지가 읽는 책이 주상 전하가 읽지 말라는 소설이라는 걸 아는 인걸은 나오려는 웃음을 겨우 참으며 "별거 아닌 것을 어찌……." 하며 박 진사의 얼굴을 쳐다보았다.

"허허, 별거 아니라는데 왜 그런 눈으로 아비를 보는 게냐. 이것 가지고 어서 나가 보거라."

인걸은 박 진사가 내준 봉서를 들고 사랑채를 나섰다.

박 도령이 돌쇠와 함께 안국방에 이르러 봉서를 뜯어보았다.

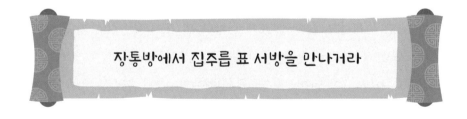

장통방에서 집주릅 표 서방을 만나거라

박 도령이 돌쇠에게 봉서를 보여 주며 말했다.

"돌쇠 형, 집주릅이 뭔지 알아?"

"글쎄요, 처음 듣는 말인데요."

"나보다 유식한 돌쇠 형이 모르는 게 다 있구먼. 하긴 뭐 우리가 언제는 알고 갔나. 가 보면 아는 거지."

박 도령과 돌쇠는 발걸음도 가볍게 운종가를 지나 청계천을 향해 걸어갔다. 장통방(오늘날 서울 종로 관철동 일대)에 이른 두 사람은 지나는 사람에게 물어물어 표 서방 집을 찾았다.

"표 서방, 안에 계시오?" 하고 박 도령이 묻자 안에서 "뉘시오." 하는 사내의 대답이 흘러나왔다. 방문을 열고 나온 중년의 사내가 박 도령과 돌쇠를 보는데, 사내와 돌쇠는 동시에 '니가 왜 거기서 나와?' 하는 표정으로 서로를 쳐다보았다.

두 사람의 얼굴을 번갈아 쳐다보던 박 도령이 사정을 물으니 두 사람은 구면이었다.

집주릅 표 서방의 이름은 표철주. 얼마 전까지 도성 안에서 악명 높은 검계(조선 시대 폭력 조직)의 우두머리로, 지난번 박 도령과 돌쇠가 포졸 체험을 할 때 칠패시장에서 소매치기를 하다가 돌쇠에게 붙잡혀 전옥서에 갇혔던 위인이었다. 표 서방은 허탈하다는 듯 허허 웃었다.

"자네를 여기서 또 만나다니. 옥에서 한 3년 썩을 줄 알았는데, 봉양할 노모가 계시고, 착하게 살자를 수만 번 쓰며 모범수로 지낸 덕에 조선 건국절 특사로 나왔다네. 이제 남의 주머니 터는 짓은 안 하기로 결심하고 보니 나이 들어 뭐 할 게 있어야지. 그래 집주릅 일을 하게 되었네."

"그러셨군요. 한데 집주름이 뭐 하는 사람입니까?"

박 도령의 물음에 표 서방이 대답했다.

"집을 사려는 사람과 팔려는 사람을 연결해 주는 직업이네. '가쾌'라고도 하고 '집주름'이라고도 하지."

박 도령과 돌쇠는 알겠다는 듯 고개를 끄덕였다.

"그럼, 저희가 할 일이 무엇인지요?"

"가면서 천천히 설명하지. 가세."

그렇게 말하며 표 서방은 집을 나섰다.

집 거간꾼, 한양의 집 정보는 내 손안에 있소이다

세 사람이 명동 근처에 이르자 표 서방은 박 도령과 돌쇠에게 말했다.

"그러잖아도 오늘 중요한 거래가 있을 걸세. 집을 사려는 양반과 팔려는 양반이 있네. 한데 두 양반 모두 결정을 못 하고 있지 뭔가. 옛말에 싸움은 말리고 흥정은 붙이랬다고, 내 일이 살 사람과 팔 사람 사이를 거간하는 일이니 흥정을 잘 붙여야겠지. 그래야 나도 먹고살 수 있으니. 해서 말인데……."

표 서방은 돌쇠에게 은밀히 무어라 이른 뒤 박 도령을 데리고 발걸음을 옮겼다.

조선 후기 한양은 만원이었다. 조선을 건국한 이성계가 한양 신도시를 만들 때 10만 명이 거주할 수 있는 도시를 만들었다. 그런데 400년이 흐른 뒤 한양 인구는 20만 명이 훌쩍 넘었다. 한양 인구가 늘어난 데는 상업이 발달하면서 사람들이 너도나도 한양으로 몰려든 탓도 있고, 광작이라 하여 돈 많은 부자들이 너른 땅을 소유하고 농사를 짓는 바람에 농토를 잃은 농민이 대거 한양으로 몰려든 탓도 있었다.

인구가 늘어나자 집이 부족해졌다. 사람이 늘어나면 더 많은 집이 필요한 건 당연한 일, 지어도 지어도 집이 부족했다. 그러자 집값은 오르고, 집 구하기가 하늘의 별 따기처럼 어려워졌다. 한양의 집 문제가 생긴 데는 또 다른 이유도 있었다. 물가가 전반적으로 오르면서 집값도 덩달아 올랐고, 집 가진 사람들이 집을 새롭게 고쳐서 내놓는 바람에 집값이 뛰었던 것이다. 이런 이유로 한양에서 집 구하기가 어려워지자 전문적으로 집 거래를 중개하는 집주릅, 즉 가쾌가 생겨난 것이다.

표 서방의 이야기를 듣는 동안 어느 기와집 앞에 당도했다. 하인의 안내를 받아 표 서방과 박 도령이 집 안으로 들어갔다. 그리 넓지 않았지만 정원이 아담하고, 정원 안에 작은 연못이 있는 멋진 집이었다. 표 서방이 집주인에게 말을 건넸다.

"대감, 결심하셨습니까?"

"허허. 그 가격에 팔기엔 조금 아까운 생각이 드는데."

"대감, 소식 못 들으셨습니까? 지금 조정에서 집값 규제를 하는 바람에 하루가 다르게 집값이 내려가고 있습니다. 제가 말씀드린 가격이면 꽤 잘 받는 것입니다. 이번 기회를 놓치시면……."

표 서방의 은근한 수작에도 집주인은 결정을 내리지 못했다. 그때 대문을 열고 돌쇠가 숨을 몰아쉬며 들어왔다.

"가쾌 어른, 저희 영감께서 이 댁 거래가 안 되면 경희궁 근처 다른 집을 사겠다고 하십니다요."

"허허, 이거 낭패로군."

표 서방은 정말 안 됐다는 표정을 지었다. 표 서방이 이제 어쩌시겠습니까, 하는 얼굴로 바라보자, 집주인은 깊은 고민에 잠겼다가 말했다.

"알았네, 팔겠네."

"잘 결정하셨습니다, 대감, 지금 바로 가서 사려는 분 마음을 잡아 두지요."

표 서방은 어서 가지, 하며 집을 나섰다.

집주릅 중개 수수료는 얼마?

명동을 빠져나오자 표 서방이 돌쇠를 보며 말했다.

"돌쇠라고 했는가? 힘만 센 줄 알았더니 연기도 제법이구먼. 허허."

지난번 일일 포졸 체험 때 육모방망이로 표 서방을 제압한 걸 두고 하는 말이었다.

"지난 일은 잊으시지요, 어르신, 하하."

돌쇠도 따라 웃었다.

"이번에도 부탁하네."

표 서방은 돌쇠에게 그렇게 말한 후 박 도령과 함께 숭례문 밖으로 향했다.

"집을 사려는 분을 찾아가나 보지요?" 박 도령이 물었다.

"그렇다네. 오늘은 어떻게든 거래를 성사시켜야 할 텐데. 벌써 몇 달째 결론을 못 내리고 있으니 원."

표 서방이 쯧쯧 혀를 차며 걸었다.

"어떤 분인데 그러세요?"

"유 선비라고, 과거는 잊고 책만 보는 분이지."

"그런 분이 돈이 어디 있어서……."

"얼마 전에 아버지가 해주 판관으로 나가면서 형편이 좀 핀 모양이야. 아버지 찬스, 아니지 도움을 받을 모양이지. 그래도 부족해 대출이다 뭐다 하며 영혼까지 끌어모아야 할 판이라 결정을 못 내리고 있는 듯하네. 그래선지 지난번에 경희궁 근처에 800냥 하는 집을 보더니 맘에 든다며 사겠다지 뭔가. 그래 내가 겨우 말려 둔 참이네."

박 도령이 의아한 표정으로 표 서방을 바라보았다.

"아니 왜요? 거래가 성사되면 좋은 일 아닙니까? 어르신에게도요."

"그야 그렇지만 집값이 싸니 내게 떨어지는 거간비가 적지 않겠나. 방금 본 2,000냥짜리 집을 팔아야 내게 오는 돈이 더 많지 않겠나."

두 사람은 어느새 유 선비 집에 도착했다. 표 서방을 본 유 선비가 말했다.

"내 번번이 표 서방 고생을 시키는구먼. 하나 집값이 너무 비싸다고 내 종형이 사지 말라는군. 아버님도 말리시고."

표 서방이 무심한 듯 유 선비에게 말했다.

"그야 집 나름이지요. 선비님도 그 댁을 직접 보고 맘에 든다고 하지 않으셨습니까. 지금 눈 뜨면 오르는 게 한양 집값입니다. 도성 안에서 그 가격에 그만한 집이 없습니다. 놓치면 평생 후회하실 겝니다."

"흠, 그렇긴 하네만……."

유 선비가 결정을 못 내리고 있을 때, 돌쇠가 또 가쁜 숨을 몰아쉬며 대문을 열고 들어왔다.

"가쾌 어른, 저희 대감께서 집 살 사람이 나타났다고 빨리 오시라는 뎁쇼."

허허 참, 표 서방은 안타까운 표정을 지으며 자리에서 일어섰다. 표 서방의 작전을 알아차린 박 도령은 웃음을 참느라 눈물이 글썽. 세 사람이 바삐 집을 나서려는데 유 선비가 표 서방을 불러 세웠다.

"표 서방! 알았네. 내가 사겠네."

표 서방은 믿음을 주는 듯한 얼굴로 활짝 웃었다.

"선비님, 잘 생각하셨습니다. 정말 좋은 집 싸게 사시는 겁니다. 그럼 모월 모일 모시에 그 댁으로 오셔서 계약서 작성하는 걸로 하시지요."

이것으로 오랫동안 끌어 오던 유 선비 명동 집 매매 건이 성사되었다. 앓던 이 빠진 듯, 체증이 내려간 듯, 표 서방 표정이 환했다. 박 도령이 표 서방을 보며 다소 힐난하듯 물었다.

"가쾌 어른, 이건 좀 아니지 않습니까?"

"아니지 않냐니, 그게 무슨 말인가."

"팔고사는 데 정당한 방법을 쓰셔야지……."

"그럼 내가 정당하지 않은 수를 써서 거간했다는 겐가? 내가 소매치기로 남의 주머니를 털었나, 사라고 협박을 했나. 파는 사람, 사는 사람 사이에서 좋은 일 한 거밖에 더 있는가?"

박 도령은 어이가 없기도 하고 틀린 말도 아니라는 생각이 들어 껄껄 웃었다.

"한데, 거간비로 얼마를 받으시는지요?" 박 도령이 물었다. 표 서방의 답을 들은 박 도령과 돌쇠는 억, 하고 벌린 입을 다물지 못했다.

조선 후기 기록에 "1,000냥을 매매하고 100냥을 받으니"라는 기록이 있다. 수수료로 매매가의 1할, 즉 10퍼센트를 받는 것이니 놀랄 만도 하다. 집주릅이 집에 관한 정보를 독점하고 있고, 당시 고리대가 연 3할의 이자를 받았다고 하니 이해할 만도 한 일이다. 하지만 집주릅이 많이 생기고 거래가 늘어나면서 수수료도 내려가 구한말 고종 대에 이르면 1퍼센트대로 떨어졌다.

집주릅 체험을 마치고 집으로 돌아가려 하자 표 서방은 같이 가 볼 곳이 있다며 앞장섰다. 따라가 보니 남촌에 있는 아담한 기와집 앞이었다.

"박 진사께서 똘똘한 집 한 채 봐 달라 하셨네. 이 집은 100냥이 조금 넘는데, 자네들 보기에 어떤가? 내 거간비는 안 받음세."

박 도령은 "괜찮네요." 하면서도 아버님이 무슨 일로 새집을 알아보라 하셨지, 하며 고개를 갸웃한다.

"자네들이 좋다니 그럼 내 작업 들어가겠네. 하하하."

박 도령과 돌쇠는 멀리 북악을 바라보며 발걸음을 옮겼다.

"딱풀이 형, 아버님께서 왜 저 집을 사시려는지 알아?"

"글쎄요, 제가 어찌 알겠습니까."

"설마 나를 장가보내 분가시키시려는 건 아니겠지?"

떡 줄 사람은 생각도 안 하는데 김칫국부터 마시는 박 도령과 아무 생각이 없는 돌쇠 두 사람은 지는 해를 바라보며 청계천을 건너 북촌 방향을 향해 걸었다.

ㄹㄹㄹㄹㄹㄹ 선비 유만주의 사대문 안 집 구하기 ㄹㄹㄹㄹㄹ

이야기 속 유 선비는 조선 후기 정조 시대에 살았던 유만주라는 사람이다. 과거에 합격하지 못한 채 평생 공부만 하던 선비였는데, 죽는 날까지 10년 넘게 하루도 빠짐없이 일기를 써서 『흠영』이란 제목으로 엮었다. 유만주가 2,000냥을 주고 명동 집을 산 이야기가 『흠영』 안에 고스란히 담겨 있다.

집을 산 뒤 유만주는 시세보다 비싸게 산 걸 알고 속이 쓰렸지만 "봄에는 꽃달임하기에 좋고, 여름에는 피서하기에 좋고, 가을에는 연꽃을 보기에 좋고, 겨울에는 연회를 하기에 좋다"라며 꽤 만족했다.

한 가지 특이한 건 동대문 밖 같은 크기 기와집 가격이 10분의 1 정도인 180냥이었는데 굳이 명동 집을 사려 했다는 점이다. 한양 사대문 안에 살아야 진짜 양반이라고 생각했기 때문이었다. 이로 인해 한양 집값이 오르고 표서방 같은 집주릅이 돈을 벌었다.

ㄹㄹㄹㄹㄹㄹ 집주릅, 복덕방, 공인중개사 ㄹㄹㄹㄹㄹ

집주릅은 한양에서 주택 매매가 활발해지자 생겨난 직업인데, 이들의 역할은 오늘날 공인중개사와 같다. 집 거래를 할 때 먼저 사려는 사람에게 집을 소개하고, 집 도면을 보여 주고, 계약서인 매매문기를 작성한다. 그다음 매도인과 매수인이 오늘날 서울시인 한성부에 가서 매매 증명서인 '입안'을 작성하는데, 그때 증인으로 참여한다. 이 증인이 있어야 공식 증명서가 발급된다.

집주릅은 공식 허가를 받지 않은 직업이었으나 집 거래가 늘어나고 이런저런 문제가 발생하자 고종 때인 1893년에 가옥 거래 시 공증을 의무화했다. 이때부터 거래 증명 문서인 '가계'에 집주릅이 반드시 서명하도록 했다. 이때 집주릅은 사는 쪽과 파는 쪽에서 각각 거래가의 1퍼센트를 수수료로 받았다. 그러니까 만약 2,000냥짜리 집 거래를 성사시키면 수수료로 20냥씩 모두 40냥, 지금 돈으로 200만 원 정도를 받았다.

❶ 조선 시대 사람들은 어떤 집에서 살았을까

오늘날 주택은 아파트나 연립 주택, 단독 주택이 대부분이다. 부엌과 화장실이 집 안에 있는 서양식 구조다. 1970년대 시작돼 1980년대 아파트가 늘어나면서 오늘날 주택 형태로 자리 잡았다. 난방은 아궁이에 군불을 때던 것에서 연탄보일러, 기름보일러, 가스보일러로 발전했다. 공통점은 연료가 바뀌었을 뿐 바닥 난방이라는 점.

조선 시대에는 어땠을까? 크게 두 종류 주택이 있었다. 초가집과 기와집. 지붕을 어떤 재료로 얹느냐에 따른 구분이다. 지방의 향촌에는 초가집이 90퍼센트가 훨씬 넘었다. 양반이건 상민(평민)이건 노비건 거의 모두 초가집에서 살았다. 관청이나 부유한 양반 상류층은 기와집이었지만 극히 소수였다. 예외적으로 서울은 관청과 양반 관리가 많이 살아서 기와집이 60퍼센트 정도였다.

❷ 조선 상류층 주택 기와집

양반 상류층이 거주하는 기와집은 어떤 모습이었을까? 상류층 기와집은 크게 내부 공간과 외부 공간으로 나뉜다. 내부 공간에 부인이 거주하는 안채를 둔다. 안채에는 부엌이 딸렸다. 외부 공간에는 사랑채, 별당, 행랑채가 있다. 그럼 이제 양반댁 기와집 문을 열고 집 구경에 나서 보자.

높다란 솟을대문을 들어서면 훤하게 마당이 펼쳐진다. 이곳을 행랑 마당이라 부른다. 노비들이 장작도 패고 이런저런 일도 하는 공간이다. 이곳 행랑 마당에서 옆으로 이어진 사랑 마당으로 들어선다. 그곳에 사랑채가 있다. 바깥주인이 주로 기거하는 곳이다. 사랑 마당에는 주인의 성품을 닮은 나무 몇 그루를 심는다.

행랑 마당에서 중문이라고 부르는 작은 문을 통해 안쪽으로 들어서면 안마당이 펼쳐진다. 안마당을 지나면 집안의 안주인이 거주하는 안채가 있다. 안채 옆 부엌 쪽에는 장독대가 있다. 안채 뒤편엔 나무와 꽃을 심은 작은 정원이 있다. 우리 박 도령이 사는 북촌 집은 바로 요런 모양의 주택이라 하겠다.

사랑채가 여자 주인의 금지구역이라면 안채에 딸린 부엌은 남자 주인의 금지구역이다. 안채와 사랑채로 나뉜 구성이 양반 상류층 주택의 일반적인 모습이지만 여기에 가장 중요한 건물이 있어서 그 모습이 권위를 얻는다. 바로 사당이다. 사당은 집안 조상의 신주를 모신 공간. 신주란 죽은 사람의 이름을 적은 나무패로, '위패'라고도 부르는데 그 위패를 모시고 제사를 지내는 공간이 바로 사당이다. 집안의 묘라고 하여 '가묘'라고도 부른다. 왕실의 신주를 모신 곳은 종묘. 사당은 집안에서 가장 안쪽이나 위쪽에 배치한다.

안채, 사랑채, 사당, 부엌 모두 상류층 주택에서 중요한 공간이지만 행랑채 또한 없어서는 안 될 공간이다. 행랑채는 대문 좌우 담에 붙여 지은 건물이다. 그곳에서 집안 노비나 일하는 머슴 등이 거주하며 새끼도 꼬고 짚신도 삼는다. 행랑채에 이어 광이나 마구간, 외양간, 방앗간을 둔다. 행랑은 집안에서 가장 소박하고 지위가 낮은 사람들의 거주 공간이지만 그들이 없으면 집안이 하루도 돌아가지 않으니 없어서는 안 될 귀한 공간이라 하겠다.

양반 저택 입구, 1911년
ⓒ 서울역사아카이브

양반 가문의 제사, 1930년
ⓒ 서울역사아카이브

❸ 초가삼간은 병이 몇 개일까

양반 상류층이 거주하는 기와집을 보았으니 다음은 서민의 주택 초가집으로 가 보자. 초가삼간이라는 말이 있다. 초가삼간에는 방이 몇 개일까? 삼간이니 세 개? 아니다. 초가삼간은 그저 작고 소박하고 가난한 살림살이를 이르는 말이다. 부엌 딸린 방과 또 다른 방이 있는 전형적인 조선의 초가 주택이다. 오늘날 조선 시대 하면 초가삼간을 떠올리는데 실제로 조선에는 3칸 규모의 집이 가장 많았다.

그렇다면 '칸'은 무슨 단위일까? 길이 단위이기도 하고 부피 단위이기도 하다. 길이로는 대략 2미터 안쪽, 부피 단위로는 그 길이로 형성된 공간이 '칸'이다. 그러나 조선에서 한 칸, 두 칸 할 때의 칸은 대개 네 기둥 안에 있는 공간을 뜻한다. 어쨌든 초가삼간은 방이 세 개 있는 초가집이 아니다.

초가집은 보통 부엌이 딸린 안방과 마루와 작은 방이 연결된 일(一) 자형 구조 주택이다. 양반이나 조금 여유가 있는 집은 방 두세 개, 하층민은 부엌 딸린 단칸방에서 살았다. 조선 시대 시골에는 초가집이 90퍼센트 이상이었으니 우리 조상은 대부분 이런 초가에서 살았을 것이다. 초가집이라도 양반들은 본채에서 떨어진 사랑채를 지어 남자 주인이 거주하기도 했다.

❹ 우리 민족의 독특한 발명품 온돌

우리나라 주택에는 다른 나라에 없는 독특한 난방 시스템이 있다. 바닥을 데워 난방을 하는 온돌이다. 온돌은 서양은 물론 같은 동양인 일본과 중국에도 없는 구조다.

그렇다면 조선 시대 모든 집에 온돌이 깔렸을까? 그건 아니다. 조선 전기에는 마루방과 온돌방이 함께 있었다. 그러다가 17세기 이후 온돌방이 확산해 후기에는 거의 모든 집에 온돌을 깔았다. 온돌이 확산된 배경에는

17세기에 밀어닥친 저온화 현상과 관련이 깊다고 한다. 그때는 '소빙하기'라 불릴 만큼 추위가 맹위를 떨쳐 영국의 템스강이 오랫동안 얼어붙는 등 전 지구적으로 혹한이 지속됐다. 조선도 예외가 아니어서 겨울 추위를 견디기 위해 온돌방이 주택 난방의 대세로 자리 잡았다는 것이다.

온돌은 고구려 때 그 모습이 처음 나타난다. 지금처럼 방 전체를 데우는 구조는 아니고 방 한쪽이나 바닥 일부에 흙으로 침상을 만든 뒤 불을 때는 구조였다. 고구려의 부분 온돌 시스템은 '긴 굴'이라는 의미에서 '장갱'이라 부른다. 이런 방식이 고려로 이어져 아궁이가 방 바깥으로 옮겨지고 구들을 깔아 방을 만드는 온돌방이 생겨났다.

조선 시대 들어서 온돌방이 점차 확대되었지만 대세는 아니었다. 마루방과 온돌방이 공존했다. 온돌방은 노약자나 환자를 위해 마련했고, 대부분은 침상을 놓고 화로 난방을 하는 방에서 생활했다. 그러다가 조선 후기에 부잣집이든 하층민이든 온돌을 깔게 되었다. 문제는 땔감. 너도나도 야산에서 나무를 베어 땔감으로 쓰는 바람에 산림이 황폐해졌고, 남의 산에서 몰래 나무를 베어 가는 바람에 시비가 끊이지 않았다. 이 문제는 기름과 가스를 연료로 이용하는 현대식 보일러가 탄생하며 해결되었다.

초가와 기와지붕, 온돌, 1930년 ⓒ 서울역사아카이브

강 따라 산 따라
장돌뱅이의 애환

11

간밤에 박 진사가 은밀히 돌쇠를 사랑채로 불렀다. 전에 없던 일이었다.

"돌쇠야, 네 의중이 어떠한지 긴히 물어볼 것이 있느니라."

돌쇠는 혹 자기가 무슨 잘못이라도 저질렀나 불안한 마음으로 무릎을 꿇고 앉았다.

"다른 게 아니라……."

박 진사는 무겁게 입을 열었다.

"돌쇠 너도 내 딸이 지금 왜 친정에 와 있는지 알지?"

"자세히는 모르나……."

돌쇠는 어머니한테 대충 사정 이야기를 들어 알고 있었다. 그러나 알은체를 할 수 없었다.

"그 애가 엊그제 이혼 절차를 마쳤느니라. 해서 너의 의중이 어떠한지 궁금하구나."

돌쇠는 여전히 무슨 의중을 말하는 건지 몰라 큰 눈만 끔뻑끔뻑.

"내 딸과 혼인하는 게 어떠냐는 얘기다."

"……!"

파격! 이건 파격이었다. 양반집 딸과 노비 출신 사내가 혼인하다니. 그것도 그 아비 되는 사람의 입에서 나온 말이라니. 박 진사가 돌쇠의 의중을 묻고 있다는 건 이미 딸의 의향을 확인했다는 걸 의미했다. 돌쇠는 울컥 눈물이 났다.

"언감생심입니다."

감히 먹을 수 없는 마음.

"무슨 뜻인지 안다. 하나 소희와 너만 괜찮다면 상관없느니라."

노비 출신인 자기가 어찌 주인댁 아씨와 맺어질 수 있겠느냐는 돌쇠의 물음에 답한 것이다. 돌쇠는 지난번 집주릅 체험 때 남촌에 있는 집을 보라고 한 게 이것 때문인가 하는 생각에 미치자 눈물이 더욱 솟아났다.

돌쇠도 소희 아씨가 마음에 없는 것은 아니었다. 아주 어렸을 때부터 어여쁜 아씨를 보며 자기 출신을 한탄했다. 몇 달 전 아씨가 시집에서 쫓겨나 친정에 돌아왔을 때 돌쇠는 노비에서 면천한 신분이었지만 그래도 감히 아씨를 향한 마음을 품지는 못했다.

"허허, 장차 장수가 될 사내가 눈물을 보여서야. 네 눈물의 의미를 알겠다. 그만 나가 보거라."

사랑에서 물러난 돌쇠는 밤하늘의 달을 보며 중얼거렸다. 이게 꿈이냐 생시냐.

이른 아침 인걸은 사랑으로 가서 박 진사를 문안했다. 여느 때처럼 기체후일향만강……, 하고 문안을 드린 뒤 방을 나오려는데, 박 진사가 봇짐 두 개를 내놓았다.

"지난번 집주릅 체험을 하고 너희가 표 서방에게 받은 거간비로 인삼을 샀다. 안성장에 가서 물건을 팔고 오너라. 안성장에서 객주 김 선달을 만나면 되느니라."

박 도령이 봇짐을 받아 들고 방을 나와 돌쇠와 함께 대문을 나서려는데 소희가 두 사람을 불렀다.

"인걸아, 오늘 먼 길 간다지? 이거 가지고 가렴. 배고플 때 먹어."

"고맙소, 누이. 내가 물건 다 팔아서 누이 예쁜 옷 해 드릴게."

누이는 웃으며 돌쇠에게도 보퉁이 하나를 건넸다. 보퉁이를 받는 돌쇠 얼굴이 벌게졌다. 돌쇠와 박 도령은 각각 봇짐을 지고 길을 나섰다.

"안성장에 가서 물건을 팔아 오라고 하시는 걸 보니 오늘은 장돌뱅이 체험인가 보네."

박 도령이 말했다. 봇짐을 지고 나선 두 사람의 모습이 영락없는 봇짐장수 같았다.

숭례문을 빠져나와 한강을 건너 수원 방향으로 길을 잡았다. 안성까지는 100리가 넘는 먼 길이라 부지런히 걸어야 해 지기 전에 당도할 터였다.

하늘은 높고 바람은 시원한 늦은 가을, 이런저런 이야기를 주고받으며 걷다 보니 어느새 수원 화성에 이르렀다. 배가 고파진 두 사람은 허기를 채우기 위해 누이가 건넨 보퉁이를 풀었다. 주먹밥을 집어 먹으려던 박 도령은 돌쇠의 주먹밥을 보더니 깜짝 놀랐다.

"뭐야, 내 주먹밥보다 형 게 더 크잖아!"

돌쇠는 어쩔 줄 몰라 또 큰 눈만 껌벅껌벅. 뭔가 생각났다는 듯 박 도령이 돌쇠에게 말했다.

"아하, 형이 나보다 덩치가 커서 그런 거구나."

소희가 만들어 준 주먹밥을 맛있게 먹은 두 사람은 봇짐을 둘러메고 서둘러 길을 떠났다.

천한 취급받지만 없어서는 안 되는 행상들

조선에서는 오늘 박 도령이 체험에 나선 장돌뱅이 같은 상인을 업신

여겼다. 양인신분이었으나 양인이라고 다 같은 양인이 아니었다. 사농공상이라 하여 귀천을 구별했다. 선비, 농부, 수공업자, 그리고 마지막에 상인이 있었다. 이렇듯 상인을 가장 낮게 취급했기에 상업이 발달할 리 없었다. 돈 좋아하는 양반도 제 손으로 돈을 만지려 하지 않았다. 대놓고 이익을 추구하는 건 소인배라 여겼기 때문이다.

조선은 개국 초 서울 운종가와 더불어 배오개와 칠패에 시전을 설치하고 허가받은 사람만 장사하게 했다. 상업 활동을 극히 제한한 것이다. 그럼 시골은 어땠을까? 지방의 큰 도시를 제외하곤 상설 시장이 없었다.

시장이 없으니 떠돌이 행상이 이 고을 저 고을 다니며 물건을 팔았다. 이 행상을 '봇짐장수' 혹은 '등짐장수'라 불렀다. 봇짐장수는 보자기나 봇짐에 면포, 삼베 같은 직물이나 장신구 등 값나가는 물건을 지고 다녔다. 이들을 '보상'이라고 한다. 등짐장수는 소금이나 옹기 등 비교적 부피가 큰 물건을 등에 지거나 지게에 지고 다니며 장사를 했다. 이들을 '부상'이라 하는데, 보상과 부상을 합쳐 '보부상'이라 불렀다. 조선시대에는 상설 시장이 없는 시골 여기저기를 다니며 물건을 파는 떠돌이 행상이 제법 많은 역할을 했다.

그러던 중 15세기 말 전라도에 큰 흉년이 들어 필요한 물품을 구하기 어렵게 되자 무안과 나주에서 사람들이 필요한 물품을 서로 교환하기 위해 장을 열었다. 그때만 해도 상설 시장이나 정기적으로 여는 오일장은 아니었고, 한 달에 두 번쯤 한곳에 모여 물건을 교환하는 정도였다. 그러다 물건을 교환하려는 욕구가 점차 크게 일어나면서 비정기장이 늘어나게 되었다.

나라에서는 원칙적으로 관에서 정해 준 시장 외에는 모든 상행위를 금지하고 있었지만, 이제 더는 막을 수 없게 되었다. 그때부터 전라도, 충청도, 경상도 삼남 지방 작은 고을에 장이 서기 시작했다. 이 시골 장을 '장시'라고 한다. 한 달에 두 번, 혹은 세 번 열리던 장시는 2일과 7일처럼 5일 간격으로 정기적으로 열리게 되었다. 이런 오일장 전통이 오늘날까지 이어지고 있다. 오일장은 조선 후기 들어 전국에 1,000여 곳 생겨났다.

오일장은 하루에 걸어서 왕복할 수 있는 30~40리마다 자연스럽게 형성되었다. 오일장이 자리를 잡자 오늘 박 도령이 체험에 나선 장돌뱅이도 늘어났다. 장돌뱅이는 이 장 저 장, 장을 돌며 장사하는 사람인데, 지역 특산물을 떼다 멀리 가서 팔 때보다 이득은 적었지만 장으로 사람들이 모이니 물건을 파는 데 편리해졌다. 그럼에도 장돌뱅이는 거처도 없이 장이 서는 곳을 떠돌아다니느라 삶이 무척 고달팠다. 이효석이 지은 『메밀꽃 필 무렵』에는 평생 장돌뱅이로 살아온 허 생원의 고단한 삶이 잘 묘사되어 있다.

한양보다 두세 가지 더 있는 안성장

아침부터 온종일 걸었기에 박 도령은 발바닥과 종아리가 몹시 아팠다. 그래도 팔팔한 나이라 해가 지기 전 안성 읍내에 당도했다. 물어물어 객주 김 선달을 찾으니 김 선달은 기다렸다는 듯 반갑게 두 사람을 맞아 준다.

"박 진사께 기별 받았다. 여기는 내가 운영하는 객주니 편히 쉬도록 하거라. 내일 2일이 안성장 서는 날이다. 자세한 이야기는 내일 하자꾸나."

객주란 중간 도매상을 뜻한다. 생산자에게서 물건을 사들여 다른 도매상에 넘기거나 소매상에 파는 사람들이다. 은행처럼 돈도 빌려 주고 택배회사처럼 물품을 운송하는 일도 한다. 객주는 또 주막보다 고급스러운 여관을 뜻하기도 하는데, 이런 숙박업소를 '여각'이라고도 부른다.

박 도령과 돌쇠는 저녁을 먹자마자 곧장 곯아떨어졌다.

다음 날 아침, 박 도령과 돌쇠는 아침을 먹고 나서 김 선달을 따라 안성 읍내장으로 갔다. 안성장은 생각보다 넓어 보였다. 실제로 그랬다. 연암 박지원이 지은 『허생전』에 "안성은 전라도, 충청도, 경상도 삼남에서 올라오는 교통 요지에 위치해 세 지역의 물품이 안성으로 모인다"라고 말할 정도로 유명했다. 전라도 전주장, 경상도 대구장과 함께 조선 3대 장으로 불렸으며, 서울보다 두세 가지는 더 있다고 할 정도로 장이 컸다.

안성장은 각종 수공업 제품이 많이 거래되는 장으로 유명했다. 특히 이곳에서 만들어진 유기, 즉 놋그릇은 조선 최고였다. 서울 양반들이 안성에서 놋그릇 세트를 많이 주문했는데, 이곳에서 놋그릇을 맞추면 튼튼하고 윤기가 나서 '안성맞춤'이라는 말이 생겼다. 안성장에는 유기 점방이 50호나 될 정도로 성황을 이뤘다.

박 도령과 돌쇠는 좌판을 벌여 놓고 인삼을 팔았다. 한 근에 20냥이 넘는 고가라 별로 사려는 사람이 없었다. 그렇게 오전이 지나고 배가 출출하여 장터 국밥으로 점심을 때운 두 사람은 오후 장사에 나섰다. 오후가 되자 이 사람 저 사람이 값을 물어 오기 시작했다.

"인삼 알이 좀 작은 거 같네. 그에 비해 값이 비싸. 좀 깎아 주게."

"무슨 말씀이세요. 개성에서 나온 일등 상품입니다. 이 가격이면 비싼 게 아닙니다. 인삼은 깎아 파는 게 아니에요. 그러면 상품 가치가 없어집니다."

어쭈, 박 도령 흥정하는 폼이 제법이다. 결국 박 도령과 돌쇠는 원하는 가격에 인삼을 다 팔았다. 서울에서 떼온 값의 두 배! 신이 난 박 도령은 한 유기 점방에 들러 유기 세트를 샀다. '요걸 한양 시전에 가서 또 두 배로 팔아야지. 그러면 이익이 곱절에 곱절!'

돌쇠는 시장을 둘러보다 가죽 신발 가게 앞에 멈춰 섰다. 그러더니 예쁜 꽃신 한 켤레를 뚫어져라 바라보았다.

"꽃신은 왜? 아주머니 드리려고?"

돌쇠는 아씨 드리려고, 하는 말이 목구멍까지 나오는 걸 겨우 참았다.

안성장 도둑 떼 습격 사건

오늘 안으로 한양으로 돌아가기 위해 두 사람이 장을 빠져나오는데 장터 한가운데서 신명 난 북소리와 꽹과리 소리가 들려왔다. 박 도령은 돌쇠의 팔을 잡아끌고 그곳으로 갔다.

"딱풀이 형, 저거 보고 갑시다."

구경꾼 이야기를 들으니 안성 청룡사를 거점으로 놀이를 펼치는 남 사당패였다. 역시 남사당패 연희는 장날에 없어서는 안 될 구경거리다.

꽹과리를 치던 꼭두쇠가 연주를 멈추더니 높게 걸쳐 놓은 줄 위에 오른다. 곧 줄을 타는데, 외줄 위에서 어쩜 저리 떨어지지도 않고 동동 뛰는지, 아슬아슬하게 줄 위에서 뛰어올랐다 내려왔다 할 때마다 박 도 령 심장이 내려앉는 것 같았다. 한창 줄타기에 정신을 놓고 있는데, 장 터 입구에서 상여를 앞세운 장례 행렬이 곡소리를 내며 들어왔다.

하얀 상복을 입을 사람들이 상여를 따라 장터 한복판으로 들어섰다. 행렬은 놋그릇 점방이 옹기종기 모여 있는 곳에 이르자 문뜩 멈추어 섰 다. 그러더니 별안간 한 상여꾼이 상여 위로 올라가 뚜껑을 열었다. 맙 소사! 상여 안에서 칼이며 창이며 각종 병장기가 쏟아져 나오고 그 무 기를 흰옷 입은 사람들이 하나씩 꿰찼다. 그 모습에 놀라 자빠지는 사 람, 도망치는 사람, 장시가 순식간에 난장판으로 변했다.

188

"들으시오! 우리는 저항하지 않는 사람은 해치지 않소. 그러니 잠시 그대로 있으시오."

우두머리인 듯한 사내의 말이 끝나자 도적 떼는 유기 점방을 탈탈 털었다. 맞은편 포목점의 면포와 비단 모시 삼베도 다 털었다. 그러더니 올 때와는 다르게 날쌔게 장을 빠져나갔다.

명종 임금 때 의적 임꺽정이 저런 식으로 안성장을 털었다는 이야기가 있었는데, 그 모습을 실제로 보게 된 박 도령과 돌쇠는 어안이 벙벙. 숨죽여 있던 박 도령과 돌쇠는 그제야 고개를 들고 사라지는 무리를 바라보았다.

안성장을 빠져나와 서울로 돌아가는 길. 두 사람의 얼굴이 전에 없이 밝았다. 박 도령은 도둑들이 털어가기 전 유기 세트를 사 놓은 게 얼마나 다행인지 몰랐다. 멀고 험한 장돌뱅이 길이지만 서울에서 유기를 팔아 큰 이문을 남길 생각에 싱글벙글. 돌쇠는 돌쇠대로 어서 돌아가 아씨에게 꽃신을 신겨 주고 싶은 마음에 얼굴에 빙그레 미소가 번졌다.

"형, 무슨 좋은 일 있수? 근데 그 꽃신 말야. 아주머니가 신으시기엔 너무 야하지 않우?"

"갈 길은 멀고 해는 짧습니다. 어서 걸으시지요, 도련님."

그렇게 말하고 돌쇠는 어느 때보다 가볍고 힘차게 발걸음을 내딛었다.

장돌뱅이 행상의 기원

봇짐장수, 등짐장수, 장돌뱅이, 또는 장돌림이라 부르는 떠돌이 행상이 조선 시대에 처음 등장한 것은 아니다. 삼국 시대부터 이미 있던 직업이다. 고구려에 을불이라는 소금 장수가 있었다. 그는 원래 왕족이었으나 삼촌인 왕이 자기를 죽이려 하자 도망쳐 머슴살이를 하다가 소금 장수로 나섰다. 나중에 포악한 왕이 죽고 나서 을불은 고구려 왕이 되었다. 그가 고구려 제15대 왕 미천왕이다.

행상은 백제 가사에도 등장한다. 〈정읍사〉라는 백제 가사에는 행상 나간 남편이 무사히 돌아오기를 바라는 마음을 달에 비는 내용이 있다. 이렇듯 떠돌이 장사꾼인 행상은 역사가 꽤 오랜 직업이다. 인터넷, 홈쇼핑이 발달하기 전인 1980년대까지만 해도 집집마다 찾아다니며 책이며 화장품 등을 파는 방문 판매원을 흔히 볼 수 있었다.

김홍도 〈장터길〉, 『단원풍속도첩』 중에서 ⓒ 국립중앙박물관

조선 시대에 무역이 행해졌을까?

조선은 다른 나라와의 교역을 금지했다. 유일하게 허락한 게 조공 무역이다. 조공이란 동아시아에서 중국과 주변국이 맺은 대외 관계인데, 그때 무역도 이루어졌다. 해마다 조선은 중국에 사행단을 보내 공물을 바쳤다. 그러면 중국 황제가 답례로 물품을 주는데, 이것을 가지고 와서 파는 걸 조공 무역이라고 한다. 조공 무역의 주역은 사신단의 통역을 맡은 역관이었다.

중국에 청나라가 들어선 이후 조선의 역관은 청과 일본의 중계 무역으로 막대한 이득을 보았다. 사행단에 참여해 청에 갈 때 인삼을 가지고 가서 판 돈으로 고급 비단인 명주와 명주실, 도자기, 차 등을 들여와 부산 왜관에 있는 일본 상인에 팔아 이익을 챙겼다. 그 차익이 커서 역관 중에 부자가 된 사람이 많았다. 박지원이 지은 『허생전』에 역관이 등장한다. 돈을 벌어 올 생각은 하지 않고 허구한 날 책만 읽는 허생에게 아내가 돈도 못 벌어 오느냐고 구박하자, 허생이 서울 제일 갑부에게 돈을 빌리는데, 그 인물이 바로 변 씨 성을 가진 일본 통역관이었다. 조선 시대 역관은 대외 무역이 금지된 조선에서 그나마 수출입 산업을 이끌던 산업역군이었다.

김홍도 〈행상〉, 『단원풍속도첩』 중에서
ⓒ 국립중앙박물관

〈보부상〉 기산 김준근 풍속화
ⓒ 국립민속박물관

❶ 이름난 장터로 떠나 볼까

조선 후기에 상업이 활발해짐에 따라 전국에 이름난 시장이 많이 생겨
났다. 서울 한양에는 종로 운종가의 시전이 국가대표 시전으로 여전한 명
성을 자랑했다. 오늘날 남대문시장의 전신인 남문안장도 서울에서 미곡과
수산물로 유명한 시장이었다. 지금의 광장시장과 동대문시장인 배오개장
은 각종 채소와 잡화로 이름이 났다. 일제 강점기 때 일제는 조선 시장을
독차지했지만 남문안장과 배오개장 두 곳만은 한국인에게 넘겨줄 정도로
민족적 자부심이 강하게 배인 시장이었다.

서울 경계 밖에도 한양의 시전이나 남문안장, 배오개장 만큼 유명한 장

시장 풍경 ⓒ 국립민속박물관

시가 많았다. 대개는 상설 시장
이 아닌 오일장 형태의 장시였
지만 그 규모나 열기가 한양의
시장 못지않았다. 우리 박 도령
이 장돌뱅이 체험에 나선 안성
읍내장도 그런 지방 장시 가운
데 하나였다.

❷ 전국의 유명 시장 구경

먼저 지방의 이름난 장시를 한번 살펴보자. 경기도에서는 광주 사평장
과 송파장, 안성 읍내장, 파주 교하 공릉장이 유명했다. 충청도로 내려가
면 은진 강경장, 직산 덕평장이 있었다. 전라도에서는 전주 읍내장과 남원
읍내장이 지역 장시를 대표했다. 강원도에서는 평창의 대화장이 장시로 유
명세를 탔다. 경상도에서는 창원의 마산포장이 규모가 컸다. 북부 지방인
황해도에서는 토산 비천장, 황주 읍내장, 봉산 은파장이 유명했다. 황해도

위 평안도를 대표하는 장시는 박천 진두장이었다.

지방 장시 가운데 경기도 송파장은 서울 장안의 시장보다 더 많은 물산이 모여든 시장. 우선 시장 입지가 굉장히 좋았다. 강원도에서 물길을 이용해 한강에 이르면 송파나루다. 충청도, 전라도, 경상도 삼남 지방에서는 육로로 한양으로 올라올 때 한양으로 들어가는 초입이다. 송파장은 닷새마다 열리는 오일장이었지만 장이 열리기 전날부터 상인들이 북적대고 장날 다음날 물건을 실어 나르느라 상설 시장과 마찬가지로 북적댔다. 남쪽 지방에서 모여든 농수축산물이 송파장에서 활발하게 거래되었다. 송파장은 1900년대 초 경부선 철도가 개통되면서 쇠락하기 시작해 1925년 을축년 대홍수 때 물에 잠기면서 시장 기능을 상실했다. 하지만 오늘날 송파구 가락동 농수산물시장으로 부활했다.

개성과 전주에는 한양의 시전 못지않은 시장이 발달했다. 개성 시장은 원래 5일마다 열리는 시장이었지만 서울처럼 상설 시장화되었다. 개성은 조선 초부터 상업이 발달한 도시로 유명했다. 개성을 거점으로 활동한 상인을 '개성 상인' 혹은 '송상'이라고 불렀다. 이들은 평안북도 의주에서 부산 동래를 잇는 국제 무역을 장악할 정도로 명성이 있었다. 개성 상인은 전국에 '송방'이라는 점포를 설치해 전국적인 네트워크를 갖추고 장사를 했다.

놋그릇 상인 ⓒ 국립민속박물관

❸ 충청도의 자랑, 강경장

금강을 끼고 발달한 강경은 육로로 공주와 전주에 이르고, 뱃길로 군산과 논산, 익산까지 연결되는 상업 도시다. 이곳에서는 농수축산물이 많이 거래됐는데 특히 수산물이 유명했다. 조선 후기 지리에 관한 책 『택리지』를 쓴 이중환은 "은진과 강경은 충청도와 전라도의 육지와 바다 사이에 위치하여 금강 남쪽 들판에 하나의 도회지를 이루었다. 바닷가 사람이나 산골 사람이나 모두 여기에 모여 물건을 교역한다"라고 강경장을 소개했다.

조선 시대에는 백화점식 읍내장 말고 특별한 물건만 거래되는 특별 시장이 많았다. 그 가운데 하나가 '쇠장'이라 불리던 우시장이다. 소를 사고 파는 우시장은 소를 이용해 농사를 짓는 농민에게 없어서는 안 될 소중한 시장이었다. 1918년 조사에 따르면 조선 팔도에 600개가 넘는 우시장이 있었다. 그 가운데 경기도 수원 우시장과 전라남도 함평 우시장이 전국적으로 유명했다.

한약에 쓰이는 약재를 파는 시장을 '약령시'라고 한다. 대구, 전주, 원주, 공주 등 관찰사의 감영 소재지에 주로 약령시가 섰는데 그 가운데 가장 이름난 약령시는 대구 약령시였다. 대구 약령시는 봄과 가을 두 차례 열리다가 가을 한 차례로 줄었으며, 오늘날도 그 명성을 이어오고 있다.

전라도 영광은 굴비로 유명했다. 영광의 법성포에는 굴비만 전문적으로 사고파는 굴비 시장이 형성되었다. 정기적으로 열리지는 않았고 굴비를 가득 싣고 배가 포구에 들어오면 도소매 장꾼이 몰려들어 장시가 형성됐다. 영광 굴비의 명성은 하루아침에 이뤄진 게 아니다.

전라남도 담양에는 죽물 시장이 유명했다. 죽물이란 대나무로 만든 물건. 지금도 죽제품 하면 담양 것을 제일로 치는데, 이미 조선 시대부터 소문이 자자했다. 담양 죽물시장에 나온 물건은 각 가정에서 수공업으로 생산한 것이었다. 삿갓, 바구니, 그릇, 부챗살, 채색한 베개와 상자 등을 주로 거래했다. 장이 서는 2일과 7일에는 죽제품을 떼어 가려는 장꾼이 담양으로 몰려들어 북새통을 이루었다. 담양 죽제품의 명성은 오늘날에도 여전하지만 플라스틱 제품과 값싼 수입 제품의 등장 이후 시장은 조선 시대만큼의 명성을 누리지는 못한다.

충남 홍성의 광천은 새우젓으로 유명했다. 광천장에는 새우젓 말고도 어리굴젓, 꼴뚜기젓, 조개젓, 밴댕이젓, 꽃게젓, 황석어젓 등 별의별 젓갈이 거래됐지만 그래도 가장 많이 유통된 건 새우젓이었다. 광천장이 조선 시대부터 젓갈 시장으로 전국에서 가장 유명했지만 오늘날까지 그 명성을 유지한 건 토굴 새우젓 덕분이다. 토굴 새우젓이란 소금에 절인 새우젓을 토굴에 보관했다 시장에 내놓는 것이다. 토굴 새우젓이 유명세를 탄 건 해방 이후부터였다. 젓갈은 여름에 부패하기 쉬워 김장철인 늦가을까지 보관하는 게 관건이었는데 어느 상인이 금광이던 토굴에 새우젓을 보관해 보니 부패하지 않고 숙성이 잘 되었다. 그때부터 광천장 상인들이 바닷가 절벽에 토굴을 뚫고 새우젓을 보관하게 되었다. 오늘날 새우젓의 60퍼센트는 광천장을 통해 거래가 이뤄진다.

장돌뱅이, 보부상은 전국의 특색 있는 장시를 돌며 물건을 떼어 등에 지고 다니며 물건이 필요한 사람들에게 팔았다. 그들의 수고 덕에 산골에 사는 사람들도 수백 리나 떨어진 곳에서 나는 맛있는 간고등어를 밥상에서 만나 볼 수 있었다. 멀리 있는 산지에 가지 못하는 사람들에게 필요한 물건을 공급해 준 그들은 그 자체로 이동식 특산물 마트였다.

강경장 ⓒ 국립민속박물관

대구 시장 전경 ⓒ 서울역사아카이브

12

조선 최초
락밴드가 떴다

몇 달 전부터 인걸은 아버지 박 진사의 권유로 거문고를 배우고 있다. 박 진사는 인걸을 어느 거문고 악사에게 보내면서 이렇게 말했다.

　"자고로 선비란 악(樂)을 즐길 줄 알아야 한다. 공자께서도 나이 서른 전에 금(琴)을 배우셨다. 그만큼 예(禮)와 악은 선비가 마음을 다스리고 정신을 수양하는 데 없어서는 안 될 필수 요소니라."

　그렇게 거문고를 배우기 시작한 박 도령은 신라 백결 선생의 떡방아 찧는 소리나, 연주 소리를 듣고 검은 학이 춤을 추었다는 고구려 왕산악의 경지는 아니더라도 술대를 튕겨 어느 정도 음을 다룰 줄 아는 실력을 갖추게 되었다.

　이른 아침 박 진사는 문안 온 인걸에게 봉서를 내밀었다.

　"이번이 마지막 체험이니라. 끝까지 최선을 다해 유종의 미를 거두도록 하거라. 하고, 안성장에서 유기를 사다가 시전에서 팔았다지?"

　"네, 아버님. 인삼 판 돈으로 유기를 사다 팔아 곱에 곱을 남겼습니다."

　"훌륭하다. 그 돈은 이 아비에게 맡기거라."

　"아버님, 그건 소자가……."

　인걸이 조금 억울한 표정을 짓자 박 진사는 어허, 하며 인걸을 지그시 바라보았다. 박 진사는 인걸과 돌쇠가 지난번 집주릅 체험 때 거간비로 받은 돈과 장사해서 남은 돈, 거기에 협찬금을 보태 남산골에 자그만 집 한 채를 마련할 생각이었다. 물론 딸 소희와 돌쇠를 위한 집이었다. 사정을 알지 못하는 인걸은 아버지 명대로 할 수밖에.

　사랑방을 나온 인걸은 기다리고 있던 돌쇠와 집을 나섰다. 어젯밤 한양에 첫눈이 내려 북악이 온통 하얀 지붕으로 변하고 북촌 기와집 지붕에도 눈이 소박하게 내려앉았다. 북촌을 빠져나와 봉서를 뜯어보았다.

십자교 아래 유 악사를 찾아가라

"유 악사?" 인걸이 영문을 몰라 고개를 갸우뚱하자, 돌쇠가 말했다.

"유우춘 악사 못 들어 봤나? 한양 최고의 해금 연주가 말일세. 이번 엔 아마 악공 체험을 하라고 하시는 것 같네."

"악공 체험? 그렇다면 백결 선생 찜 쪄 먹는 실력의 이 박 도령한테 딱 맞는 체험 아니우. 이번 체험은 꿀이구먼, 꿀. 하하."

얼마 전부터 돌쇠는 인걸에게 존대를 하지 않고 하게 투로 말을 하기 시작했다. 인걸은 그러지 말고 동생에게 하듯 해라 투로 편하게 하라고 했으나 돌쇠는 옛 주인댁 도령이요, 또 장차 처남이 될 인걸에게 말을 놓을 수는 없었다.

나를 알아주지 못하는 세상에서 연주자로 산다는 것

운종가를 빠져나온 두 사람은 보신각에 이르러 광화문 방향으로 길 을 잡아 걷다 마침내 송현방(오늘날 서울 종로구 송현동 일대) 부근 십자교 에 이르렀다. 마을 여기저기를 돌아보며 유 악사의 집을 찾는데, 일이 쉽게 되려고 그러는지 멀지 않은 곳에서 악기 소리가 울려 나오는 게 아닌가.

"옳지. 저 집이로구나."

초가집에 이르러 인기척을 하자 노인이 문을 열고 나왔다.

"유 악사님을 찾아왔습니다."

박 도령의 말에 연주 소리가 끊기더니 방문이 열렸다. 박 도령이 고개를 기웃하여 방 안을 들여다보니 사내 둘이 앉아 있는데, 한 사람은 해금을, 또 한 사람은 가야금을 무릎에 얹고 있었다. 박 도령이 이러저러하여 왔다고 말하자 해금 활을 쥐고 있던 사내가 활을 내려놓았다.

"자네가 인걸인가? 박 진사께 기별은 받았네. 그런데 박 진사께는 송구하나 자네를 가르칠 순 없네."

엥? 어째 일이 너무 쉽게 풀린다 싶더니만. 체험 확인을 못 받으면 다른 체험을 또 해야 하고, 이제껏 체험한 게 물거품이 될까 걱정된 박 도령은 간절하게 말했다.

"악사님, 가르쳐 주실 수 없다니요. 그럼 저는 어찌하라고요."

"그야 자네 사정이고. 나는 연주를 접었네."

박 도령은 빈틈을 찾았다는 듯 잽싸게 파고들었다.

"방금 악사님의 연주를 들었는데 접으셨다니요."

"그건 나의 지음과 심심풀이로 하는 것일세. 그만 돌아가게."

해금 연주로 장안의 최고라 하여 '유우춘 해금'이라는 말이 생길 정도로 유명한 연주자. 바로 저 사람이 유우춘이었다. 그는 원래 궁궐 수비와 국왕 호위를 담당하는 용호영의 하급 군사였다가 군악대 세악사가 되어 해금을 배우기 시작했다. 세악사로 두각을 나타낸 유우춘은 3년 넘게 피나는 연습을 하여 해금 연주자로 이름을 날리게 되었다. 그 실력을 바탕으로 군악대에서 연주하는 건 물론이고 잔칫집이나 선비들

풍류 모임에 불려가 연주하곤 했다.

조선의 악기 연주자는 직업 연주자와 취미로 연주하는 사람으로 나뉜다. 직업 연주자는 관에 속한 연주자와 사적으로 하는 연주자가 있다. 관에 속한 연주자는 장악원과 군영에서 연주자로 생활했다. 장악원 소속 연주자를 '악공', '악생'이라 하고, 군영, 곧 군악대 연주자를 '세악사'라고 부른다. 관 소속은 아니지만 직업으로 연주하는 부류에는 광대와 기생 같은 연주자가 있었다. 장악원 소속 연주자는 궁중에서 벌이는 제례와 임금 행차 때 연주를 맡았다. 종묘 제례를 그린 의궤에 등장하는 해금·대금·비파·피리 연주자들이다.

그건 그렇고, 박 도령에게 연주를 가르쳐 줄 수 없다니 참으로 난감한 상황. 박 도령과 돌쇠는 일단 물러나 마을을 빠져나왔다. 날은 춥고, 배는 고프지만 이대로 돌아갈 수는 없다. 박 도령은 왜 가르쳐 주지 않는지 이유라도 알고 싶어 한참 만에 다시 유 악사의 집으로 향했다. 두 사람이 다시 찾아오자 유 악사는 마루로 두 사람을 불러 앉혔다. 그러더니 연주를 접은 이유를 말했다.

"3년 넘게 피나는 노력을 하여 해금 연주의 경지에 이르렀다는 칭송을 들을 정도가 되었네. 그 뒤로 군악대 연주뿐 아니라 여기저기 불려다니며 연주를 했지. 돈을 벌어야 했으니까. 돈을 벌어 노모를 봉양해야 했으니까. 내 연주 실력이 널리 알려지면서 여러 잔치에서 나에게 연주를 청했지. 하나 내 기예가 높아질수록 나 스스로 실망이 커졌네. 종실이며 지체 높은 대감이 부르는 자리에 가서 연주하면 어떤지 아는가. 연주하다 둘러보면 꾸벅꾸벅 졸고들 있네. 또 양반 모임에 가서 연주하면 나보고 해금이 왜 해금인 줄 아느냐, 물으면서 혜강이 만들어 혜금이라는 둥, 중국 해족의 금이어서 해금이라는 둥 알은체나 하며 연주는 귓전으로 듣는다네. 심한 자괴감이 들더군. 내 연주를 세상이 알아주지 않더구나. 그렇다고 돈을 버는 것도 아니고. 외려 저자에서 비렁뱅이들이 깡깡이로 모깃소리, 풀벌레 소리, 오리 소리 내는 걸 사람들이 더 좋아하니, 지금 내 연주가 무슨 소용이란 말인가. 그래서……."

조선 최초의 락 음악단 창단

유 악사의 말을 들은 박 도령은 유 악사가 참 안 됐단 생각이 들었다. 조선에서 제일가는 연주자가 알아주는 이 없어 연주를 접을 생각을 했다는 게 너무 마음 아팠다. 체험도 체험이지만 어떻게든 '조선 제일 활'이라는 유 악사가 다시 활을 잡고 흥겹게 연주할 수 있게 해 주고 싶었다. 돌쇠는 유 악사가 원래 노비 신분이었으나 이복형이 돈을 내고 면천해 주었다는 말을 듣고 왠지 남 일 같지 않게 느껴졌다.

골똘히 궁리한 끝에 박 도령은 괜찮은 아이디어를 떠올렸다. 연주자로서 자부심도 회복하고 돈도 벌 수 있는 기막힌 묘책을. 박 도령은 자기 생각을 유 악사에게 말했다. 한참을 고민하던 유 악사는 허허, 하더니 그럼 그렇게 한번 해 볼까, 하며 승낙했다.

그날부터 박 도령은 유 악사 집에 드나들며 거문고 실력을 늘렸다. 그러면서 해금의 유 악사, 친구 호궁기의 가야금, 그리고 돌쇠가 북과 장구를 맡아 함께 연습을 했다. 합주를 하던 어느 날 돌쇠가 말했다.

"악사님, 이렇게 함께 모여 합주를 하니 혼자 할 때보다 훨씬 재미납니다. 이런 합주를 줄여서 '잼'이라고 부르면 어떨까요?"

딱풀이 돌쇠의 말에 유 악사와 유 악사의 친구 호궁기, 그리고 인걸이 한바탕 크게 웃었다.

박 도령의 기가 막힌 묘책이란 게 뭘까. 이제까지 조선에 없던 연주를 펼치는 것이었다. 대중 앞에서 하는 연희로는 광대놀이도 있고, 풍물패 연주도 있고, 또 한두 명이 길가에 앉아 깡깡이라 불리는 해금을 가지고 하는 연주가 있지만, 전문적인 악단을 만들어 거리에서 공연하는 악단은 없었다. 박 도령은 그런 공연을 열어 사람들을 즐겁게 하고 유 악사의 실력을 인정받게 해 주고 싶었다.

잠시 연주를 쉬는 시간에 박 도령이 말했다.

"본격적으로 공연을 하려면 연주단 이름이 있어야 하지 않겠습니까? 그래서 말인데요, 유 악사와 락 음악단이 어떨까 합니다."

"락 음악단이라고?"

"음악의 악(樂)을 즐거울 락(樂)으로 읽으면 락이 되지 않습니까? 즐겁게 연주하는 악단이란 뜻이지요, 헤헤."

맨날 돌쇠더러 찍어다 붙이기 선수라고 놀리더니 박 도령 말장난도 장난이 아니었다. 그렇게 하여 조선 최초의 길거리 전문 음악단 '유우춘과 락 음악단'이 탄생하게 되었다.

듣도 보도 못한 음악단이 떴다

공연 날이 코앞으로 다가왔다. 그동안 박 도령은 합주 연습이 끝나는 대로 운종가며, 탑골, 배오개, 칠패시장, 회현방 등을 돌며 공연을 알리는 방을 붙였다. 그러고는 자기가 일상 체험을 했던 백정이며 시전 상인, 똥 장수 예덕 선생, 장용영 군사들, 우포청 포교들, 집주릅 표 서방, 성균관 선배 유생 등에게도 공연 소식을 알렸다.

마침내 공연 날이 되었다. 때는 12월 보름밤, 장소는 사람이 가장 많이 오가는 보신각 앞. 뉘엿뉘엿 해가 지고 집으로 돌아가는 사람들, 슬슬 마실 나온 사람들이 보신각 앞마당을 지나가고 있었다. 박 도령은 공연 전 전기수 정 서방에게 소설을 읽어 달라고 부탁해 놓았다. 전기수가 뜨자 사람들이 하나둘 모여들기 시작했다.

전기수의 구술이 끝나고 드디어 유 악사와 락 음악단이 자리를 잡았다. 구경꾼들은 길거리에서 해금 하나 가지고 연주하는 건 보았지만 거문고와 가야금처럼 큰 악기를 길거리에 가지고 나와 연주하는 모습을 보고 놀라지 않을 수 없었다.

"그럼 지금부터 조선에서 듣도 보도 못한 기막힌 연주를 시작하겠습니다."

박 도령의 말에 구경꾼들이 손뼉을 치며 환호했다. 박수 소리가 잦아들고 일순간 조용해지자 돌쇠가 북으로 둥둥둥 시작을 알렸다. 뒤이어 박 도령이 중저음의 거문고를 퉁기고, 호궁기가 가야금을 뜯고, 마지막으로 유 악사가 해금을 켜기 시작했다. 서로 다른 소리가 하나로 어우러지는 모습에 구경하는 사람들 입이 벌어졌다.

돌쇠는 박 도령이 고안한 장치로 발로는 둥둥둥둥 북을 치고, 손으로는 당기닥 쿵딱 장구를 치며, 북 치고 장구 치고 다했다. 공연이 무르익자 마지막 순서로 인걸의 누이 소희가 무대에 등장했다. 소희가 나타

나자 청중은 호기심 가득한 눈으로 어여쁜 여자 소리꾼을 쳐다
보았다.

　소희는 가야금, 거문고, 해금, 장구, 북장단에 맞춰 유 악사가
작곡한 휘모리장단의 '아름다운 한양'을 멋지게 불렀다. 서로 박
자를 맞추려 그랬지만 소희와 돌쇠가 서로 눈을 맞출 때마다 돌
쇠 얼굴이 벌게지고 소희 얼굴도 홍조를 띠었다. 무대 양옆에 장
작불이 활활 타오르고 구경꾼들 얼굴은 흥으로 일렁였다.

　구경꾼 사이에서 인걸의 모습을 지켜보는 박 진사의 표정이
좀 묘했다. 박 진사는 생각했다.